Georg Weindl

Die 25 schönsten E-BIKE TOUREN am Gardasee

BVA

Die Touren

CAFFE
Casa Beust

Mit Ortsporträts von

DIE 25 SCHÖNSTEN E-BIKE-TOUREN AM GARDASEE

Vorwort

KLASSISCH ITALIENISCH

Welches Urlaubsziel kann das schon bieten? Romantiker, Naturliebhaber, Freunde guten Weins und feiner Küche und neuerdings auch Freizeitsportler. Sie alle lieben den Gardasee auf ihre Weise.

Aus gutem Grund, denn der See hat für fast jeden Geschmack etwas zu bieten. Im Norden bei Riva und Torbole sind Surfer und Mountainbiker zuhause. Das Westufer mit den Weinorten Bardolino, Garda und Lazise ist trotz seiner Betriebsamkeit besonders für die gastronomisch ambitionierten Reisenden lohnenswert und zwar nicht zuletzt auch wegen der zahlreichen Olivenölproduzenten. Wer unberührte Landschaft und Einsamkeit vorzieht, kann auf die Höhenzüge rund um den Monte Baldo flüchten. Das Südwestufer rund um Salo und Fasano gefällt durch italienische Eleganz, durch seine herrschaftlichen Villen und durch die verborgenen Siedlungen am Hochufer, wo man grandiose Ausblicke auf den See erleben kann. Weiter nördlich oberhalb von Toscolano bis Limone entlang des schroffen Westufers erfreuen sich Naturliebhaber der bizarren, wildromantischen Landschaft. Gerade der westliche Teil des Sees hat schon

Auch ohne See reizvoll: im Valle dei Laghi

in relativ frühen Zeiten viele Besucher angezogen und fasziniert.

Auf über 50 Kilometern erstreckt sich das Gewässer in der größtenteils alpinen Landschaft. Der Norden gehört zum Trentino, der Westen und Süden zur Lombardei und der Osten zum Veneto. Für den Tourismus war diese Aufteilung nicht immer vorteilhaft. Schließlich gilt die italienische Bürokratie nicht gerade als besonders dynamisch und effizient. Dennoch sollte die Aufmerksamkeit der Urlauber aus dem Norden nicht lange auf sich warten lassen. In den Nachkriegsjahren entwickelte sich der See zu einem Dorado für Wassersportler. In dieser Zeit wurde auch die legendäre Regatta Centomiglia geboren, eine der bedeutendsten Segelregatten Europas, die damals als Gegenstück zum Autorennen Mille Miglia konzipiert wurde. Letztere startet ja auch heute noch alljährlich von Brescia, was vom Gardasee nicht weit entfernt ist. Waren es in den fünfziger und sechziger Jahren noch Busreisen und Familienurlauber, entdeckten in den siebziger und achtziger Jahren die jungen Funsportler den See. Italienische Romantik und zaghafte Ausflüge ins Dolce Vita waren dabei nicht so sehr gefragt. Wo die Winde am günstigsten waren, ließ man sich nieder. Riva und Tor-

Das Seeufer ist in Riva besonders gut zugänglich

bole sind heute noch die Zentren dieser Gemeinde. Und wenn in Riva alljährlich das große Bike Festival angesagt ist, überschwemmen Tausende von Bikern das Nordufer.

E-Bike am Gardasee? Eine perfekte Kombination

Wer lieber entspannt radelt und dabei entdeckt und genießt, ist mit dem E-Bike am Gardasee perfekt unterwegs. Denn abgesehen von den flachen Gegenden ganz im Süden bei Peschiera, Sirmione und Desenzano gibt es fast immer Berge von klein bis wirklich mächtig. Man kann also herrliche Touren locker unternehmen wie etwa von den östlichen Orten Malcesine, Garda oder Bardolino bergauf zu wirklich romantischen kleinen Dörfern und herrlichen Aussichtspunkten. Oder zu den schönen Weingärten in der hügeligen Gegend oberhalb von Garda und Bardolino. Auch Ausflüge zu den romantischen Seen von Ledro und Tenno sind nicht wirklich ein Problem. Dieser Reiz gefällt vielen. Deshalb ist auf den Uferradwegen im Südosten im Sommer auch viel los und es ist zuweilen entspannter auf der öffentlichen Straße zu fahren. Und bis 2026 soll ja der gesamte See mit Radwegen umgeben sein. Ein

optimistisches Vorhaben, denn zwischen Torbole und Malcesine oder zwischen Limone und Toscolano ist das keine leichte Angelegenheit. Aber Projekte wie in Limone haben gezeigt, dass das mit etwas Kreativität und entsprechenden Budgets durchaus möglich ist.

Was aber besonders ist, das ist einmal, dass es hier fast keine Bahnanschlüsse außer ganz im Süden gibt. Dafür aber kann man mit dem Bike auch mit den Schiffen auf dem See unterwegs sein und das reizvoll kombinieren als Hin- oder Rückfahrt. Und das ist meist schöner als eine Bahnfahrt. Nicht empfehlenswert für Radausflüge ist hingegen die stark befahrene Uferstraße Gardesana an der Westseite. Viel Verkehr und viele Tunnels machen da wenig Spaß.

Wo geht es hier zur Ladestation?

Für E-Biker natürlich ganz wichtig sind Ladestationen. Deshalb sind in jeder Tour Ladestationen entlang der Strecke aufgeführt mit konkreter Adresse. Diese Listen sind natürlich nicht vollständig, da nicht jede Region hier exakte Listen publiziert und sich auch die Lademöglichkeiten zuweilen ändern. Und in manchen Regionen ist die Bedeutung des Radtourismus auch noch nicht so fortgeschritten. Es ist also kein Fehler, unterwegs auch sein eigenes Ladekabel dabei zu haben. Oft ist es die einfachere und auch sympathische Art, in einem Lokal eine Pause einzulegen, in dieser Zeit etwas aufzuladen und sich dafür beim Servicepersonal mit einem besseren Trinkgeld zu bedanken.

So klappt das mit der Reichweite

Erfahrene E-Biker kennen das natürlich, Gelegenheitsfahrer mit Leihrädern sollten sich darauf einstellen. Bei Tagesetappen mit E-Bikes sollte man vorsichtig kalkulieren, wenn man nicht mit leerem Akku das schwere Rad nur mit Muskelkraft bewegen will. Zusammen mit gut gefüllten Radtaschen sind es durchaus 30 Kilo und mehr, die da angetrieben werden wollen. Beim Radurlaub kostet das Gepäck natürlich Reichweite. Ein anderer wesentlicher Faktor ist der Streckenverlauf mit den Höhenunterschieden, die bewältigt werden wollen. Und dann schwankt die angezeigte Reichweite am Display sehr stark je nach Fahrmodus. Das lässt sich gut nachvollziehen, wenn man einmal bei gleichbleibendem Tempo die verschiedenen Modi von Eco bis Turbo verglichen hat und von 30 bis 100 Kilometern am Start angezeigt bekommt. Da ist es auch nicht verkehrt, auf längeren Etappen anfangs mit etwas mehr Eigenleistung zu strampeln, damit am Ende, wenn man müde ist oder sich vielleicht auch noch verfahren hat, noch mehr Reserven bleiben.

Kartenmaterial

Die Kartenausschnitte in diesem Buch sollen Ihnen eine erste Übersicht und Orientierung für Ihre ausgewählte Tour geben. Für die allgemeine Radtourenplanung, z.B. auch für die individuelle Zusammenstellung einer Radtour aus verschiedenen Elementen unterschiedlicher Tourenvorschläge dieses Buches, ist eine größere und detaillierte Radwegekarte natürlich von Vorteil. Hier bietet sich die ADFC Regionalkarte Gardasee im Maßstab 1:50.000 an, erhältlich im Buchhandel oder unter www.fahrrad-buecher-karten.de

Die ADFC-Regionalkarten gibt es auch als App unter www.fahrrad-buecher-karten.de/kartenapp.

Mehr Sicherheit mit GPS

Radfahren und Kartenlesen, das ist keine einfache Kombination. Keine Frage, wer unterwegs sich mit GPS-Daten und Smartphone oder anderen Mobilgeräten orientieren kann, ist sicherer unterwegs und hat auch deutlich mehr Spaß. Man findet die Wege schneller, kann sich mehr darauf konzentrieren, die Landschaft als solche zu erleben. Und vor allem fährt man auch mit mehr Sicherheit, weil es gerade mit dem E-Bike wichtig ist, das Fahrzeug stets unter Kontrolle zu haben. Und wenn man unterwegs müde wird oder eben Hunger und Durst plagen, kann man sich auch besser orientieren, findet leichter zu einem nahen Pausenplatz.

Hinzu kommt noch, dass die Radwege ja nicht immer perfekt ausgeschildert sind. Da sind die Wegweiser manchmal unübersichtlich oder lückenhaft, lassen Interpretationen zu, welcher nun der richtige Weg ist. Vor allem in Städten ist es oft so, dass der Radweg gar nicht mehr ausgeschildert ist. Und das kann einem unerwünschte Umwege bescheren und richtig nerven. Das muss eben nicht sein, wenn man sich auf die digitale Unterstützung verlassen kann.

Dafür haben Sie hier die Möglichkeit, sich mit den passenden GPS-Daten vorzubereiten. So können Sie unbeschwert ihre Tour starten und auf die schönen Dinge konzentrieren. Für jede der 25 Touren finden Sie auf unserer Internetseite die passenden Trackdaten. Mithilfe des Zugangscodes **GARDA-01-213-659-EBB** stehen Ihnen die Daten auf der Seite **www.fahrrad-buecher-karten.de/ebiketourendigital** kostenlos zum Download zur Verfügung.

Helfen Sie mit!

Die in diesem Buch enthaltenen Informationen wurden sorgfältig nach bestem Wissen und gewissen zusammen getragen. Dennoch gibt es gerade beim immer beliebter gewordenen Radtourismus ständig Neuerungen und Veränderungen. Da ändern sich Straßennamen und Wegführungen, werden Routen ergänzt, zusätzliche Serviceangebote entlang der Strecken geschaffen. Helfen Sie uns mit, dieses Buch ständig aktuell zu halten, indem Sie uns eventuelle Änderungen unter buecher@bva-bikemedia.de mitteilen. Unser Dank ist Ihnen ebenso sicher wie der Dank der anderen Leser.

Viel Spaß am Gardasee!

Rango zählt zur den schönsten Dörfern Italiens

Tour 1 Länge 54 km

KULINARISCHE RADWEGE NÖRDLICH DES GARDASEES

Eine Rundtour von San Lorenzo Dorsino im Norden bis Fiave im Süden

Von Ponte Arche im Hügelland zwischen Molvenosee und Gardasee fährt man eine Rundtour von Dorf zu Dorf mit zahlreichen gastronomischen Stationen. Wenig Tourismus, viel Lokalkolorit und echtes italienisches Landleben mit vielen Einkehrmöglichkeiten. Ein Rucksack oder eine Radtasche fürs kulinarische Gepäck wären kein Fehler. Die nostalgischen Dörfer in den Giudicarie sind ein echter Geheimtipp.

Was erwartet mich?

54 Kilometer, 1.200 Höhenmeter, eine sehr abwechslungsreiche Rundtour auf Straßen und Feldwegen mit wenig bis sehr wenig Verkehr. Mit einem E-Bike und griffigen Reifen unterwegs zu sein, ist empfehlenswert.

Wie komm ich hin?

Mit dem Auto: Brennerautobahn, Ausfahrt Trento Nord und weiter auf der SS45bis über den Toblino See bis Sarche, dort auf der SS237 bis Ponte Arche. Aus dem Süden kommend auf der SS421 über Lago di Tenno. Parkmöglichkeiten gibt es direkt am Fluss Torrente Duina in der Via delle Fucine.

Was muss ich sehen?

1. Castello di Stenico
2. San Lorenzo in Banale
3. Hexe von Cavrasto
4. Rango, Dorfzentrum

Wo tank ich auf?

Osteria Fiore,
Poia, 22, Comano Terme
Erika Eis,
Via de Gasperi 12a, Fiave
Azienda Agricole Fontane,
Via Tre Novembre 111, Fiave
Ristorante Catenaccio,
Rango 102, Balbido-Rango

Kartentipp: **ADFC Regionalkarte Gardasee 1:50.000**

Tour 1

TOURSTART

*Sie starten am Parkplatz in Ponte Arche direkt am Fluss Torrente Duina und fahren nach links über die Brücke (**Wegepunkt** ❶).*

Gudicarie? Davon haben nur die wenigsten gehört. Der Name kommt daher, dass es sich hier nördlich des Gardasees bis Molveno und Madonna di Campiglio um mittelalterliche Gerichtsbezirke gehandelt hatte. Uns interessiert ganz besonders der Bereich um Comano und Ponte Arche, wo sich die Straße vom Molvenosee kommend in vielen Kurven und Serpentinen durch die sehr hügelige Landschaft schlängelt. Dort gibt es einen kulinarischen Themenweg für Radler und Wanderer mit dem schönen Namen **Kilometro Zero**. Und das aus gutem Grund, denn diese herrliche Hügellandschaft hat allerhand regionale Spezialitäten und dazu bezaubernde kleine Dörfer mit viel Nostalgie.

Am Ortsrand von Ponte Arche gegenüber dem Rathaus gibt es ein kleines Heimatmuseum, wo man viel über die Geschichte der Giudicarie erfährt.

*Doch nun zurück zur Radtour. Ein guter Startort ist Ponte Arche mitten in dem Rundkurs, wo sich zwei Staatsstraßen kreuzen. Am Kreisel fahren wir rechts, über den Fluss Sarca und folgen dem Weg nach links (**Wegepunkt** ❷) in einer S-Kurve vorbei am Maso del Pont in nordwestlicher Richtung. Es geht auf der Strada Provinciale 249 überwiegend bergauf bis Stenico.*

In Stenico bietet sich eine Besichtigung des nahen und unübersehbar über dem Tal thronenden **1 Castello di Stenico** an. Die Burg aus dem 12. Jahrhundert war lange im Besitz der Trentiner Erzbischöfe, ist heute öffentlich und beherbergt Ausstellungen mit Sammlungen zu archäologischen Themen, historischen Möbeln und Waffen.

*Im Ort biegen wir kurz nach links auf die SP34 und vor der Kirche sofort wieder rechts ab. Wir umrunden das nächste Gebäude, um dahinter rechts und nach einem Linksbogen erneut rechts (**Wegepunkt** ❸) in die Straße Via del Dos Marin zu fahren. Die Tour führt auf der SP34 Richtung Osten, ziemlich geradeaus und teils bergauf bis zur kleinen Ortschaft Sclemo. Über die Dörfer Tavodo und (dann über die SS421) Dorsino führt der Weg nördlich der SS421 bis nach San Lorenzo. Am Nord-*

Das mächtige Castello di Stenico ist ein guter Orientierungspunkt

*rand radelt man vorbei an der Kirche San Matteo Apostolo ed Evangelista (**Wegepunkt ❹**) und in einem weiten Bogen (davon ein Stück auf der SS421) ins Zentrum.*

2 **San Lorenzo** gehört mit seiner historischen bäuerlichen Architektur zur Organisation der schönsten Dörfer Italiens, der „Borghi piu belli d`Italia". Früher bestand es aus sieben Ville, ehemalige Lehensgüter, die den Ort heute noch prägen, und jeder seinen eigenen Heiligen hat, seine Kapelle und auch seine Bräuche besitzt. Eine Spezialität von San Lorenzo in Banale ist die Ciuìga. Die geräucherte Wurst aus Schweinefleisch wird mit gekochtem und gehacktem Kohlrabi verfeinert. Die Idee dazu hatte ein Metzger im 19. Jahrhundert, als der aus der Not das Fleisch mit Kohlrabi verlängerte und daraus Würste formte.

*Vom nördlichsten Punkt unserer Tour geht es nun über die Via di Prusa (**Wegepunkt ❺**) nach Süden mit einigen Kurven durch das überwiegend grüne und nach Süden abfallende Terrain. Am Kreisel links, nach einer scharfen Linkskurve rechts (Strade die cavai) an der nächsten Wegekreuzung (**Wegepunkt ❻**) halb links und an der Weggabelung ebenfalls links. Über Andogno und (parallel zur SS421) Premione führt die Tour links nach Villa Banale.*

Auch San Lorenzo in Banale ist Mitglied bei den schönsten Dörfern Italiens

Von dem kleinen Dorf ist es nur ein kurzer Abstecher zur Terme di Comano mit ihren Wellnessangeboten.

*Wir folgen nun der ausgeschilderten Route „DoGa Dolomiti-Garda-Radwanderweg" nach rechts auf der SS421, am Kreisel links (SS237) und nächste links (**Wegepunkt ❼**) auf Feldwegen weiter nach Süden.*

In Poia gibt es mit der Osteria Fiore eine gute und sehr typische Einkehrmöglichkeit.

*Von Poia geht es auf der Localita Poia bis zur Kirche San Lorenzo bei Vigo Lomaso (ACHTUNG: nach einer scharfen S-Kurve verlassen wir den DoGa-Radweg und fahren geradeaus weiter, **Wegepunkt ❽**). Von der Kirche fahren wir geradeaus weiter in Richtung Val Lomasona. Nach ein paar Kilometern erreichen wir ein Biotop und ändern die Fahrtrichtung (**Wegepunkt ❾**), um in Richtung Dasindo zu fahren. Nach dem Friedhof biegen wir links ab (**Wegepunkt ❿**) und fahren bergauf nach Favrio, dann auf der Hauptstraße über die Staatsstraße hinweg nach Fiavé.*

In einem schlichten Gewerbebau etwas abseits des Zentrums residiert **Erika Eis**, eine Eismanufaktur mit 90jähriger Geschichte. Klassische Sorten werden hier

Reisemobilstellplätze an oder nahe der Route

Area Sosta Camper,
Via Lungo Sarca, Ponte Arche

E-Bike Ladestationen an oder nahe der Route

Info Point,
Via Cesare Battisti 38e,
Comano Terme

Stilleben im Zentrum von Rango

mit regionalen Zutaten produziert, dazu Torten und Krapfen. Am südlichen Ortsrand gibt es die **Azienda Agricola Fontane**, einen stattlichen Bauernhof mit Käserei. Dort führt Rudi Zambotti den Familienbetrieb, der sich auf Rohmilchkäse, darunter Caciotta mit Kräutern, Schimmelkäse, Ricotta und Piumata Käse, einen Weichkäse ohne Kruste, spezialisiert hat. Hier kann man nicht nur einkaufen, sondern sich auch ganz entspannt an einem der Tische mit Käse und Getränken stärken.

Wir lassen die Kirche in Fiavé hinter uns und fahren weiter geradeaus auf der SP5 Richtung Bleggio Superiore.

Hier ist die beliebte **Bleggio Nuss** zuhause, eine relativ kleine aber sehr schmackhafte Walnuss. Die genießt der Einheimische gerne in Form einer würzigen Salami, die mit den Nüssen verfeinert ist.

*Die Strada Provinciale 5 führt uns westwärts bis Cavrasto, wo wir links (**Wegepunkt ⓫**) nach Balbido abbiegen und rechts weiter Rango erreichen.*

Die Attraktion von Cavrasto ist die zehn Meter hohe **3 Hexe**, die als Erinnerung an die mystischen Geschichten der guten und bösen Hexen in der frühen Geschichte der Region 2019 erbaut worden ist – angeblich die weltweit größte Hexe. Danach erreichen wir einen Höhepunkt der Tour. Das winzige Bergdorf **4 Rango** ist die Vorzeigeschönheit der Gegend. Eng aneinander gebaute alte Häuser mit drei bis vier Etagen und breiten Holzbrüstungen. Dazu fast unterirdisch anmutende Verbindungsgänge, die im Sommer herrlich schattig sind. Dort versteckt sich auch das **Ristorante Catenaccio**, ein sympathisch nostalgisches Lokal mit regionalen Spezialitäten zu moderaten Preisen wie Carne Salada mit Bohnen, eine Polenta Trentino und zum Nachtisch eine Nusstorte, natürlich mit den Nüssen aus Bleggio.

*Langsam begeben wir uns zurück Richtung Ponte Arche. Von Rango (links Localitá Rango **Wegepunkt ⓬**) geht es nach Nordosten über Cavaione, Marazzone, Larido und Bivedo im Zickzack Richtung Santa Croce mit seiner mächtigen Kirche.*

Die riesige Hexe ist ein Wahrzeichen von Balbido

Vorher kann man im Nachbarort Madice noch einen Stopp machen. Die **Metzgerei von Roberto Parisi** ist eine Institution. Robertos Nuss-Salami wurde schon vom Gourmetmagazin Gambero Rosso geadelt, genauso wie sein hausgemachter Speck. Und wenn man schon beim Verkosten ist, dann sollte man auch Carne Salada, das gepökelte Rindfleisch, probieren, das im nördlichen Gardaseegebiet ja die Spezialität schlechthin ist.

*Der finale Abschnitt mit rund vier Kilometern nordwärts von Santa Croce nach Ponte Arche ist über die Straßen Gallio, Frazione Bono und SP5 dann eine gemütliche Abfahrt, was in Anbetracht des kulinarischen Rahmenprogramms auch sehr angebracht ist. Wir erreichen die SS421, biegen links ab und erreichen über den Kreisel nach rechts (**Wegepunkt ❶**) wieder den Parkplatz – unseren Startpunkt.*

Lago di Tenno

Tour 2 Länge 22 km

SPEKTAKULÄRE AUSSICHTEN UND VIEL NOSTALGIE

Rundtour von Riva hinauf zum Lago di Tenno

Ein Gardasee-Klassiker ist die Fahrt von Riva Richtung Norden hinauf zum Lago di Tenno. Der kleine Tennosee versteckt sich oberhalb von Riva an der Straße Richtung Molveno und Madonna di Campiglio. Viele schöne Aussichten mit nostalgischen Bergdörfern und ein romantischer Bergsee als Ziel.

Was erwartet mich?

22 km, 600 Höhenmeter, Rundtour auf Radwegen, Nebenstraßen, ruhigen Landstraßen und zwischendurch auch kurz auf einer belebten Strada Staate. Zum Schluss gibt es eine schöne lange Bergabfahrt bis kurz vor Riva.

Wie komm ich hin?

Mit dem Auto: Brennerautobahn, Ausfahrt Rovereto Süd und weiter über Loppio und Torbole zum Hafen von Riva. Wer sich die Fahrt durch das Zentrum mit viel Verkehr ersparen will, parkt am besten gleich nach dem Tunnel am Ortseingang und fährt dort mit dem Rad entlang des Seeufers zum Hafen.

Was muss ich sehen?

1. Zentrum von Riva mit Hafen
2. Lago di Tenno (Tennosee)
3. Canale di Tenno

Wo tank ich auf?

I Momenti, Viale Giovanni Prati 4/C, Riva del Garda
Bar Il Chiosco, Lago di Tenno (Südufer)
Locanda del Borgo, Villa Canale 33, Canale di Tenno
Trattoria Pié di Castello Sas, Via al Cingo Ros 38, Cologna

Kartentipp: **ADFC Regionalkarte Gardasee 1:50.000**

Tour 2

TOURSTART

Sie starten von der breiten, offenen Piazza III Novembre vor dem Hafen Richtung Norden. Dazu bietet sich links die Via Fiume an, die etwas breiter als die engen Gassen der Fußgängerzone ist.

Startort für diesen Ausflug hinauf zum Tennosee ist [1] **Riva**. Da bietet sich die Piazza III Novembre vor dem Hafen an, nicht nur weil man hier einen Ausflug mit den Schiffen, den Traghetti, anknüpfen könnte, sondern weil man hier auch das klassische italienische Flair erleben kann. Weitere Informationen über den Ort finden Sie im **Ortsporträt Riva** (siehe S. 30).

Bevor man aber die Radtour startet, sollte man die Badesachen mit einpacken. Im Sommer ist der Lago di Tenno eine gute Gelegenheit für ein erfrischendes Bad.

*Nach wenigen hundert Metern queren Sie eine breite Straße (**Wegepunkt ❶**) und fahren dort geradeaus weiter in die Via Giovanni Prati. Weiter geradeaus auf der Via Ardaro erreichen Sie bald die ersten Weingärten am Stadtrand. Im Ortsteil San Giacomo etwa auf der Höhe der Villa Angelica hält man sich rechts und fährt ein kurzes Stück auf der Strada Statale 240 nach links (**Wegepunkt ❷**), um nach ca. 700 m links in die Strada Provinciale 37 einzubiegen. Die nächsten vier Kilometer zieht die Straße mit einigen Serpentinen weiter bergauf. In den Serpentinen hat man immer wieder einen herrlichen Blick auf Riva und den Gardasee. Rechts unten sieht man die Hauptstraße, die Strada Statale 421, die zum Tennosee hinauf viele Kurven absolviert und wo der Durchgangsverkehr stattfindet. Bei der Ortschaft Pranzo, was auf Deutsch Mittagessen heißt, gönnen wir uns eine Abkürzung nach rechts (**Wegepunkt ❸**) durch das Dorf.*

*Nach einem längeren Waldstück macht die Straße eine leichte Rechtskurve an einem Campingplatz vorbei und trifft auf die Strada Statale 421 (**Wegepunkt ❹**), der Staatsstraße oberhalb des Tennosees. Direkt beim Hotel Lago di Tenno könnte man links am Gebäude vorbei einen Abstecher zum Seeufer machen. Eine Rundfahrt mit dem Rad ist leider nicht möglich.*

Der kleine [2] **Tennosee** – er misst nur 0,25 Quadratkilometer Fläche – liegt sehr idyllisch umgeben von Wald auf 550 Metern Höhe. Das Wasser hat eine tiefe blaue bis türkisgrüne Farbe. Entstanden ist der Tenno-

Der Campanile in der Piazza III Novembre in Riva

Canale di Tenno ist wie ein mittelalterliches Freilicht-museum

see nach wissenschaftlichen Untersuchungen vor rund 900 Jahren durch einen Bergrutsch, weswegen sich das zufließende Wasser gestaut hat. Im Sommer ist er auch ein beliebter Badesee. Und man kann ihn zu Fuß umrunden, was auch nicht lange dauert.

Für den Rückweg wählen wir eine Alternative von Dorf zu Dorf. Dazu fahren wir am Kreisel (vom See kommend) links am Parkplatz vorbei in eine Nebenstraße, die zur Strada Statale fast parallel verläuft und nach gut zwei Kilometern ein wirklich sehenswertes kleines Dorf erreicht.

Eine absolute Attraktion ist das kleine historische Dorf 3 **Canale die Tenno**. Es gehört zu der Organisation der schönsten Dörfer Italiens, der „Borghi piu Belli d`Italia", bezaubert mit seinem historischen Charme, mit seinen eng aneinander gebauten hohen

Der Tennosee ist ein romantisches Fotomotiv

historischen Häusern, mit den engen Gassen mit Kopfsteinpflaster, die teilweise sehr verwinkelt durch tiefe Torbögen verlaufen. Canale hat eine ungewöhnliche Geschichte, kann aber auch selbst viele Geschichten erzählen. Nach dem Zweiten Weltkrieg wurde es von seinen Einwohnern verlassen und erst Jahre später wieder neu besiedelt. Heutzutage genießt es großes Interesse und verführt die Menschen in eine wirklich authentische mittelalterliche Atmosphäre. Das ist auch die Kulisse für ein großes mittelalterliches Fest im Sommer, das **Rustico Medioevo**. Sehenswert ist auch die **Casa degli Artisti**, das Künstlerhaus mit verschiedenen Ausstellungen und gleich nebenan das **Museum für landwirtschaftliche Geräte** im Kulturzentrum. Beides Themen, die gut zu dem Ort passen. Durch Canale di Tenno fährt und schiebt man besser gemütlich. Es gibt schließlich viel zu sehen und einige unübersichtliche Winkel.

Reisemobilstellplätze an oder nahe der Route

Area Sosta Camper,
Via Brione 1, Riva del Garda
Camper Stop,
Via Al Cor 2/A, Torbole

E-Bike Ladestationen an oder nahe der Route

Info Point Garda Trentino,
Via Filzi, Riva del Garda
E-Bike Stop Spiaggia dei Pini, Via Franz Kafka, Riva del Garda

*Nach Canale di Tenno geht es rechts über Serpentinen hinunter zum kleinen Dorf Pastoedo und dann auf die Strada Statale. Dort nach links (**Wegepunkt ❺**) kann man es schön rollen lassen, bis man nach rund 1.500 Metern die Ortschaft Tenno erreicht.*

Direkt neben der Straße rechts steht das von weitem schon erkennbare mächtige **Castello di Tenno**, das aber nicht besichtigt werden kann, weil es in Privatbesitz ist.

Auf der Strada Statale verlassen wir Tenno und wechseln nach 300 Metern links auf eine ruhige Neben-

*straße. Die Via di Pil begleitet die Strada Statale bis zur Ortschaft Fontanelle, wo es nach einem Rechtsknick (**Wegepunkt** ❻) wieder auf die Hauptstraße geht und weiter bergab mit einigen Kurven. Nun nähert man sich allmählich dem Stadtrand von Riva und fährt bei Varone rechts ab in die Via Chiesa Vecchia (**Wegepunkt** ❼), später Via Marone. Nach gut 1.500 Metern und zwei Kreisverkehren erreicht man die Via Ardaro, die wir für die Hinfahrt nutzten. Durch die Via Ardaro und die Via Giovanni Prati gelangen wir wieder direkt zum historischen Zentrum von Riva und zurück zum Hafen.*

Historisches Gemäuer in Canale di Tenno

Orts-porträt

RIVA DEL GARDA

Riva del Garda ist die nördlichste Stadt am Gardasee, und sie zählt neben Desenzano zu den größten Orten am See. Dank Ihrer Lage ist sie gerade für Urlauber, die aus Richtung Brenner kommen, leicht erreichbar.

ES LEBE DER SPORT

Riva hat 17.000 Einwohner und bietet für sportliche Aktivitäten sehr gute Voraussetzungen. Die einen schätzen die erstklassigen Verhältnisse mit der Ora, dem kräftigen und zuverlässigen Wind, und die anderen zieht es hinauf in die Berge Richtung Tremalzo und Monte Baldo.

Riva ist eine erstaunlich vielseitige Stadt, die neben den sportlichen Ambitionen auch das klassische italienische Flair bieten kann mit den romantischen historischen Gassen im **Zentrum**, mit typischer nordita-

lienischer Gastronomie, mit Caffè Bars und Eisdielen. Weitläufige Grünflächen und Strandbäder ranken sich um das Seeufer und komplettieren das exzellente Freizeitangebot. Riva ist aber auch eine Wirtschaftsmetropole und Einkaufsstadt. Shopping ist hier genauso wichtig wie die Cucina und der Sport.

Wer Riva näher kennen lernen will, sollte sich in Richtung Zentrum zur **Piazza 3 Novembre** begeben und einen Spaziergang machen zwischen dem **Hafen**, vorbei am Rathaus, einem Bauwerk aus dem 13. Jahrhundert, und dem **Palazzo del Pretorio**, der nur ein Jahrhundert jünger ist. Eine Besonderheit ist der schiefe Turm, der **Torre Apponale**, direkt am Ufer. Der 34 m hohe Turm

Wenn der Ora Wind kommt, starten die Segelboote in Riva

Die Passagierschiffe landen direkt in Riva

wurde ursprünglich als Privatturm von der wohlhabenden Familie Bonvicini erbaut, diente später der Bewachung und Verteidigung der Stadt und kann besichtigt werden. Wer die 165 Treppenstufen nicht scheut, wird mit einem unvergesslichen Ausblick über die Altstadt und den Gardasee belohnt. Das Freizeitleben der Stadt Riva spielt sich entlang des Uferstreifens ab, hier sind Spaziergänger, Radfahrer und Wassersportler auf den kurvigen Wegen unterwegs, säumen Bars und Pizzerien die Szenerie.

Riva hat aber auch Geschichte, was man an den vielen historischen Bauwerken leicht nachvollziehen kann. Bereits zur Römerzeit war der Ort besiedelt, gehörte bis 1919, dem Ende des Ersten Weltkriegs, zu Österreich-Ungarn. Daran erinnern noch alte Festungsanlagen im Yachthafen sowie diverse militärische Relikte entlang der Ponale Straße. Bis 1936 verkehrte eine Eisenbahn zwischen dem Etschtal, der Ortschaft Mori bei Rovereto und Riva. Den ehemaligen Bahnhof in Zentrum direkt

Orts-porträt

neben einem großen Parkplatz kann man heute noch besichtigen.

Ihren Erfolg verdankt Riva auch der strategisch günstigen Lage. Das schätzen gerade Urlauber, die aus dem Norden kommen und entweder von Trento über Arco auf der Strada Statale oder über die Autobahn Ausfahrt Rovereto-Süd über Torbole anreisen. In Riva haben die Gäste nicht nur einen erstklassigen Blick auf den See Richtung Süden, sie haben auch ein vielfältiges Freizeitangebot. Direkt bei Riva beginnen legendäre Bike Touren wie etwa auf der alten **Ponale Straße**. Hier hat man nur kurze Distanzen zu den Kletterwänden rund um Arco und zu dem malerischen Tenno See und dem Ledro See. Außerdem sind andere beliebte Ferienorte wie Torbole, Malcesine und Limone nur wenige Kilometer entfernt. Und wenn in wenigen Jahren der Radweg rund um den Gardasee fertig sein sollte, kann man diese Orte auch bequem auf zwei Rädern besuchen.

Typisch Riva: alte Gassen, kleine Geschäfte

Castello di Arco

Tour 3 Länge 20 km

SIGHTSEEINGTOUR AM NORDUFER DES GARDASEES

Eine entspannte Rundtour von Riva nach Arco

Schöne Wege, dezente Höhenunterschiede und viel Sightseeing. Der knapp 20 Kilometer lange Ausflug von Riva am Nordufer des Gardasees entlang der Hügel bis nach Arco, am Ufer der Sarca nach Torbole und mit bestem Seepanorama wieder zurück nach Riva ist ideal für Leute, die noch nie am Gardasee mit dem Rad unterwegs waren. Wie lang die Runde wirklich dauert, hängt vom individuellen Sightseeing ab.

Was erwartet mich?

20 km, 105 Höhenmeter, eine Rundtour mit sehr dezenten Höhenunterschieden, meist auf separaten Wegen für Radler und auf dem gut ausgebauten Radweg am rechten Ufer der Sarca.

Wie komm ich hin?

Mit dem Auto: Brennerautobahn, Ausfahrt Rovereto Süd und weiter über Loppio und Torbole zum Hafen von Riva. Wer sich die Fahrt durch das Zentrum mit viel Verkehr ersparen will, parkt am besten gleich nach dem Tunnel am Ortseingang und startet die Tour von dort mit dem Rad entlang des Seeufers Richtung Hafen. Offizieller Start wäre dann im Zentrum von Riva.

Was muss ich sehen?

1 **Zentrum von Riva mit Hafen**
2 **Altstadt von Arco**
3 **Castello di Arco** (steile Auffahrt)

Wo tank ich auf?

I Momenti, Viale Giovanni Prati 4/C, Riva del Garda
Ai Conti,
Piazza Carlo Marchetti 2, Arco
Bikefarm, Via Linfano 43, Torbole (am Radweg)

Kartentipp: **ADFC Regionalkarte Gardasee 1:50.000**

Tour 3

TOURSTART

Sie starten am großen Parkplatz beim historischen Bahnhof von Riva und fahren ein Stück Richtung Seeufer.

Blick über Riva nach Osten

Der **alte Bahnhof** ist ein Relikt aus der Zeit, als es noch eine Bahnlinie von Mori im Etschtal über Arco bis Riva gab. Diese Linie wurde im Jahr 1937 eingestellt. Heute wären die meisten Leute in Riva und Umgebung froh, wenn es sie noch geben würde. 1 **Riva**, das kann man durchaus sagen, ist eine Stadt der Radfahrer. Immerhin ist sie auch bekannt für das seit vielen Jahren organisierte Bike Festival. Und sie bietet den Radlern ein sehr gutes Wegenetz. Weitere Informationen über den Ort finden Sie im **Ortsporträt Riva** (siehe S. 30).

*Am Kongresszentrum vorbei biegen Sie links auf den Radweg und folgen dem Ufer ein kurzes Stück. Bei der nächsten Gelegenheit nehmen Sie links den Friedrich Nietzsche Weg parallel zum Bach Varone nach Norden, kreuzen die breite Hauptstraße (**Wegepunkt** ❶) und fahren weiter auf der Via Giacomo Bresadola – diesmal auf der rechten Bachseite. Und auf der bleiben wir für einige Kilometer, passieren ein Gewerbegebiet, Grünflä-*

Der Hafenbereich ist auch ein beliebter Treffpunkt

*chen, einen Friedhof, wechseln erneut die Bachseite und kommen bald zum nördlichen Stadtrand von Riva. Am Ende der Straße (**Wegepunkt ❷**) biegen wir links ab und folgen der Strada Statale nach rechts. An der höchsten Stelle unserer Radtour, macht unser Weg eine scharfe Rechtskurve (**Wegepunkt ❸**), nimmt Kurs Richtung Arco und verläuft ein längeres Stück auch bergab. Der Weg führt uns nach Nordosten auf Nebenstraßen, flankiert links von Wein- und Obstgärten und rechts von einem Gewerbegebiet. In der Via Filippo Serafin kommt man zu einer großen Grünfläche, biegt rechts ab (**Wegepunkt ❹**) und gleich wieder links und noch einmal rechts, bis man mit einem Zickzackkurs auf die Viale del Capitelli kommt (**Wegepunkt ❺**), die einen direkt Richtung Zentrum von Arco bringt. Das ist auch nicht zu verfehlen, denn von weitem sieht man den Turm von Arco auf dem Felsen als Wegweiser. Man landet nun am Südrand der Altstadt, die wie viele historische Zentren in Italien recht verwinkelt ist.*

Man könnte hier nun eintauchen in das malerische **2** **Zentrum von Arco**, das mitunter wie ein Labyrinth wirkt. Hier sind auch viele Radler unterwegs, die rund um die Piazza III Novembre und die mächtige Kirche einen Espresso oder ein Gelato genießen. Direkt gegenüber der Kirche ist auch ein beliebter Gelatiere. Arco ist bekannt als Ziel von Bikern und vor allem Kletterern. Kein Wunder bei den steilen Felswänden rund um den Ort. Auch im Zentrum spürt man das an den vielen Sportgeschäften, die sich genau auf diese Kategorie spezialisiert haben.

In Riva versteckt sich der See hinter dem Monte Brione

Wer sich vor dem steilen Anstieg Richtung 3 **Castello** nicht fürchtet, der kann vom Westrand des Zentrums auf der Via Fossa Grande fahren, wo es einen Weg durch den Park Richtung Burgruine gibt. Die Geschichte des Castello geht bis ins Mittelalter zurück. Die Ruine ist heute im Besitz der Gemeinde Arco und umfasst zahlreiche Relikte von Burgmauern, Türmen und Zisternen bis zu einem Felsengefängnis. Das ist alles sehr imposant auch wegen der exponierten Lage auf dem Hügel. Direkt unterhalb der Burg gibt es auch eine kleine Bar. Die Aussicht dort oben ist natürlich grandios. Der Blick auf den

Reisemobilstellplätze an oder nahe der Route

Area Sosta Camper, Via Brione 1, Riva del Garda

Camper Stop, Via Al Cor 2/A, Torbole

E-Bike Ladestationen an oder nahe der Route

Info Point Garda Trentino, Via Filzi, Riva del Garda

E-Bike Stop Spiaggia dei Pini, Via Franz Kafka, Riva del Garda

Parkplatz Carmellini, Arco

Bikefarm, Via Linfano 43, Torbole (am Radweg)

See freilich wird teilweise vom Monte Brione versperrt.

*Von Arco geht es zurück an den Gardasee. Und das ist eine ziemlich einfache Angelegenheit, denn wir fahren aus dem historischen Zentrum raus, halten uns links und kommen nach wenigen Metern direkt zum Ufer der Sarca (**Wegepunkt ❻**).*

Der Fluss **Sarca** entspringt im Norden im Adamello Gebiet und mündet am Weststrand von Torbole in den Gardasee. Und genau dort wollen wir hin.

Dazu nehmen wir den Radweg am rechten Ufer und fahren ganz entspannt auf dem flachen Weg am Fluss entlang vorbei an schier endlosen Weingärten und nehmen Kurs auf die linke und steilere Flanke des Monte Brione.

Kurz vor dem See kommen wir noch an einem Lokal speziell für Radler vorbei. Bei der **Bikefarm** kann man einkehren und auch seinen Akku aufladen – viel braucht man allerdings nicht mehr.

*Nach wenigen Minuten erreicht man einen Campingplatz und den Strand am westlichen Rand von Torbole (**Wegepunkt ❼**).*

Wir haben mittlerweile die Sportart gewechselt. War Arco die Metropole der Biker und Kletterer, sind in Torbole bekanntermaßen die Segler und Surfer

Die lange Uferpromenade am Nordrand von Torbole

zuhause. Hier bei der Sarcamündung folgt der letzte Abschnitt dieser Rundfahrt auf dem Radweg nach rechts Richtung Riva.

Nun wartet wieder ein sehr schöner und gut ausgebauter Radweg, der direkt am Seeufer entlang unterhalb des Monte Brione nach Westen führt und schließlich den Stadtrand von Riva erreicht. Über einen Parkplatz kommt man zur Verlängerung des Radwegs, der sich durch den Uferbereich schlängelt, bald am Gelände des Hotels du Lac e du Parc vorbei und schließlich zum Kongresszentrum und zu unserem Startort am Parkplatz beim alten Bahnhof führt.

Einsame Straßen
hinter dem Covedine See

Tour 4
Länge 54 km

VON TORBOLE ZU ROMANTISCHEN BERGSEEN

Eine Rundtour von Torbole bis zum Toblino See entlang des Ufers der Sarca

Direkt am Badestrand bei Torbole startet man zu dieser gemütlichen Fahrt nach Norden über Arco bis zum Toblino See und zurück mit einem Abstecher zum idyllischen Cavedinesee mit seinen schönen Badestränden. Eine abwechslungsreiche Tour mit vielen Sehenswürdigkeiten und überschaubaren Höhenunterschieden, die auch für Familien geeignet ist.

Was erwartet mich?

54 km, 270 Höhenmeter, eine Rundtour auf Nebenstraßen und separaten Radwegen sowie Landstraßen mit herrlichen Aussichten. Etwas eng ist es entlang des Toblino Sees.

Wie komm ich hin?

Mit dem Auto: Brennerautobahn, Ausfahrt Rovereto Süd und weiter über Loppio bis Torbole. Direkt bei der Sarca Mündung gibt es einen Parkplatz. Von Riva aus gibt es einen Radweg direkt am Seeufer bis zum Startpunkt der Tour.

Was muss ich sehen?

1. Historisches Zentrum von Arco
2. Castello di Arco
3. Castel Toblino
4. Badestrand am Cavedine See
5. Marocche di Dro (steinzeitlicher Weg mit Dinosaurierspuren)

Wo tank ich auf?

Bikefarm, Via Linfano 43, Torbole (am Radweg)
Ai Conti, Piazza Carlo Marchetti 2, Arco
Ristorante Al Convento, Via Toblino 13, Sarche
Bar und Ristorante Toblino, Castel Toblino 1, Toblino

Kartentipp: **ADFC Regionalkarte Gardasee 1:50.000**

Tour 4

TOURSTART

Sie starten am Parkplatz an der Sacre-Mündung in den Gardasee und folgen dem Fluss nach Norden.

Torbole ist ein standesgemäßer Startort für Radtouren. Seit vielen Jahren ist der kleine Ort am Nordufer des Gardasees ein Anziehungspunkt für Surfer und Biker. Traditionell für Mountainbiker aber neuerdings natürlich auch immer mehr für E-Biker, die eher sanfte alpine Ausflüge machen wollen. Dieser Ausflug

Blick vom Radweg auf Torbole

in das Gebiet nördlich des Gardasees, in das Valle dei Laghi, das Tal der Seen, beginnt direkt bei der Mündung der Sarca in den See zwischen Badestrand und Campingplätzen. Ein ziemlich lebendiger und gut besuchter Standort, aber es wird bald deutlich ruhiger.

Auf dem Radweg auf der linken Uferseite des Flusses erreichen Sie nach wenigen Minuten die Bikefarm, ein speziell für Radler eingerichtetes Lokal, folgen weiter dem Weg entlang von Weingärten mit Blick auf Gewerbegebiete und orientieren sich am steilen Fels mit dem

*Turm auf der Spitze von Arco. Der Weg ist weitgehend flach, obwohl es flussaufwärts geht. Gut zum Einradeln also. Nach rund sechs Kilometern ist die Ortsgrenze von Arco erreicht. Für ein kurzes Stück verlassen Sie das Flussufer (**Wegepunkt ❶**) und umfahren einen Sportplatz.*

Die kleine Gemeinde ist bekannt als Ziel für sportliche Urlauber und da vor allem für Kletterer, denn dafür sind die steilen, fast senkrechten Berge rund um Arco ein ideales Terrain. Ein Abstecher ins **1 Zentrum** links vom Radweg lohnt sich allein schon wegen der herrlich nostalgischen kleinen Gassen mit schönen Geschäften und Lokalen. Direkt bei der Kirche könnte man sich bei der Gelateria oder bei Ristorante Ai Conti für den weiteren Weg stärken. Und wer den Anstieg nicht scheut, kann das historische **2 Castello** mit Fresken aus dem 14. Jahrhundert besichtigen. Dort oben finden auch viele Kulturveranstaltungen statt.

Alte Fresken im Castello di Torbole

*Weiter geht die Tour ortsauswärts nach Norden und gemütlich weiter am Fluss entlang mit Blick hinunter zu Kanuten, begleitet von steilen Felswänden. Nach dem Uferwechsel (**Wegepunkt ❷**) sind es noch gut vier Kilometer, bis die Ortschaft Dro erreicht ist. Kurz davor verlässt der Weg das Flussufer, durchquert das Zentrum, bis man etwas weiter nördlich wieder zur Sarca zurück kehrt.*

Dro ist ein kleiner Ort direkt an der Straße zwischen Trento und Gardasee und bekannt auch als gutes

Zum Castello di Arco geht es steil bergauf

Kletterrevier. Es gibt eine sehenswerte **Barockkirche**. Außerdem ist Dro bekannt für Vino Santo und besonders wohlschmeckende Pflaumen, die hier wachsen.

*Nun wird die Tour etwas rustikaler und abwechslungsreicher. Die Route schlängelt sich – immer in der Nähe des Flusses – durch den Wald mit einigen Bergauf- und Bergab-Passagen und passiert nach etwa drei Kilometern das alte Wasserkraftwerk Centrale di Fies, ein sehenswertes historisches Gebäude. Es geht weiter mit zahlreichen Buckeln nach Norden, bis schließlich nach knapp sechs Kilometern das kleine Dorf Pietramurata kommt. Danach radelt man wieder direkt am Fluss entlang ohne größere Anstrengungen für weitere vier Kilometer bis Sarche. Sie verlassen den Fluss nach rechts auf der Via Caffaro (**Wegepunkt** ❸), über den Kreisel hinweg und folgen dem Radweg am nördlichen Ortsrand, der nun direkt neben der Straße eng und kurvig*

Das Castello di Toblino am gleichnamigen See

wird. Der Weg ist nicht asphaltiert und wird auch von Wanderern benutzt. Man sollte also vorsichtig an den Bäumen vorbei fahren, bis schließlich die Zufahrt zum Castel Toblino erreicht ist, dem nördlichsten Punkt unserer Strecke.

Lange Sandstrände am Covedine See

Das herrlich gelegene **3 Castel** am Ufer des Sees war früher eine Residenz der Fürsterzbischöfe von Trento. Heute beherbergt es ein Gourmetrestaurant, zu dem eine kurze und steile Auffahrt führt. Man kann sich aber auch unten am Seeufer in der Imbissbar stärken, die auch Tische direkt mit Seeblick hat. Vor allem an Wochenenden sind hier nicht nur Radler sondern auch viele andere Ausflügler unterwegs.

*Zurück geht es nun auf demselben engen und kurvigen Weg am Seeufer entlang, hinein in die Ortschaft, am Kreisel links und am Südende von Sarche erneut links Richtung Osten. Nach knapp einem Kilometer biegt man in Ponte Oliveti rechts ab (**Wegepunkt 4**), fährt südwärts, erreicht nach wenigen Minuten auf der schnurgeraden Strecke Pergolese und bald das Nordufer des Cavedine Sees. Nun geht es gemütlich entlang des östlichen Seeufers mit mehreren Badestränden, Surf Center und Ausflugslokalen weiter.*

Eine Imbiss- oder Badepause würde sich hier anbieten. Es ist natürlich nicht der Gardasee, aber als Ausflugsziel ist der **4 Cavedine See** ein echter Geheimtipp. Und den schätzen auch viele Einheimische, darunter auch etliche Radler, die dem Trubel rund um Riva und Torbole entfliehen wollen.

*Die Straße verlässt den See. Nun wird es wieder etwas hügeliger und führt durch eine bizarre Landschaft, die wie eine kleine steinerne Stadt anmutet. Nach wenigen 100 m erreicht man einen Parkplatz (**Wegepunkt** ❺), von dem aus man einen kurzen Abstecher zu Fuß zu einer besonderen Sehenswürdigkeit machen kann.*

Marocche di Dro: ein Biotop mit Saurierrelikten

5 **Marocche di Dro** heißt dieses Biotop, das wie eine versteinerte Mondlandschaft aussieht und wo man auf einem ausgewiesenen Weg mit Infotafeln den Millionen Jahre alten Spuren eines Dinosauriers folgen kann.

*Wieder zurück auf der Straße genießt man einen herrlichen Blick nach Süden Richtung Arco und Gardasee und hat den steilen Felsen und den Turm von Arco als guten Orientierungspunkt. Nun folgt eine längere Abfahrt mit einigen Kurven hinunter bis kurz vor die Ortschaft Dro. Sie verlassen die Strade Provinciale nach rechts Richtung Sacre und treffen wieder auf den Hinweg (**Wegepunkt** ❻). Hier fahren Sie links, überqueren die Strada Statale und fahren in das Ortszentrum hinein. Auf der selben Strecke wie auf dem Hinweg durchfahren Sie Dro, treffen hinter Ceniga auf das Flussufer und fahren über Torbole wieder nach Arco. Dort sollte man aufpassen, dass man nicht versehentlich auf die linke Uferseite der Sarca wechselt, wo es auch einen Radweg gibt. Dieser führt zwar bis kurz vor Torbole, endet aber dann in den Weingärten und man findet keine Verbindung Richtung Torbole.*

Es ist ab Arco eine recht gemütliche Fahrt, bei der man das Rad schön ausrollen lassen kann. Man ist ja schließlich flussabwärts unterwegs und das spürt man hier, wenn auch nur dezent. Direkt am Ziel bei der Mündung der Sarca in den Gardasee kann man sich natürlich am Badestrand erfrischen oder sich einen Espresso in einer der Bars von Torbole gönnen.

Reisemobilstellplätze an oder nahe der Route

Camper Stop, Via Al Cor 2/A, Torbole
Area Sosta Camper, Parco Carmellini, Arco

E-Bike Ladestationen an oder nahe der Route

Bikefarm, Via Linfano 43, Torbole (am Radweg)
Parkplatz Carmellini, Arco
Piazza Valussi 4, Sarche

Blick von Torbole über den See nach Süden

Tour 5 Länge 30 km

EINE ANREISE MIT SPEKTAKULÄRER ANKUNFT

Vom Etschtal über Mori bis zum Gardasee

Warum nicht mit dem Rad zum Gardasee reisen. Zumindest vom Etschtal bei Rovereto aus genießt man schöne Passagen abseits der Straße samt einem herrlichen Finale mit traumhaftem Blick auf den See und einer eindrucksvollen Abfahrt nach Torbole und anschließender Uferpromenade nach Riva. Insgesamt 18 Kilometer. So schön kann keine Autofahrt sein.

Was erwartet mich?

30 km, 100 Höhenmeter, eine Streckentour auf Radwegen und Nebenstraßen, am Anfang auf flachem Terrain, nach Mori ein sehr kurzer Anstieg zum Passo San Giovanni, anschließend eine herrliche Abfahrt hinunter Richtung Torbole.

Wie komm ich hin?

ÖPNV: Mori ist eine Bahnstation auf der Strecke zwischen Brenner und Verona. **Mit dem Auto:** Brennerautobahn bis zur Ausfahrt Rovereto Süd, nach der Mautstelle nach Norden Richtung Rovereto, weiter auf der Strada Provinciale 23 neben der Autobahn bis zum Bahnhof in Mori. Mehrere Parkplätze gibt es rund um den Bahnhof entlang der Straße.

Was muss ich sehen?

1 historisches Zentrum in Mori mit Kirche Santo Stefano
2 Badestrände in Torbole und Riva
3 Altstadt und Hafen in Riva

Wo tank ich auf?

Gelateria Bologna, Via Giuseppe Garibaldi 12, Mori
Al Fortino bike bar, Quartiere Europa 3, Nago
I Momenti, Viale Giovanni Prati 4/C, Riva del Garda

Kartentipp: **ADFC Regionalkarte Gardasee 1:50.000**

Tour 5

TOURSTART

*Sie starten am Bahnhof von Mori, überqueren die Hauptstraße und vom Parkplatz aus mit der Brücke die Autobahn und weiter rechtsversetzt die Etsch. Auf der anderen Seite (**Wegepunkt ❶**) folgt man (mit einem kleinen Abstecher) links zunächst dem Fluss und wenig später dem Kanal bis zur zweiten Brücke. Nun führt die Tour auf der „Ciclovia Adige-Garda" nach rechts über den flachen Talboden, an Gewerbebetrieben und Weingärten vorbei, Richtung Westen auf der Via Giovanni Ventitrecesimo bis zum Zentrum von Mori.*

Vom Etschtal an den Gardasee. Das klingt doch sehr verlockend. Startort dieser Tour ist der kleine Ort Mori im Etschtal. Man sollte den Ort nicht unterschätzen. Die meisten Leute werden an ihm ungeduldig Richtung Gardasee vorbeifahren, was einerseits verständlich aber andererseits auch schade ist, denn Mori hat einiges zu bieten. Zum Beispiel viel Geschichte, die zurück geht bis auf das neunte Jahrhundert. Die ist auch an vielen Sehenswürdigkeiten wie der **1 Kirche Santo Stefano** mit einem Terrakottagiebeldach aus dem 18. Jahrhundert und den **historischen Häusern** rund um die Piazza B. Malfatti gut nachvollziehbar. Mori ist auch bekannt für exzellenten Wein. Hier gedeihen klassische Sorten wie Cabernet, Marzemino und Merlot. Genügend Gründe also, sich hier etwas Zeit zu lassen. Die Strecke verläuft auf der Route der einstigen Bahnlinie von Mori bis Riva, die 1891 als Lokalbahn eröffnet und 1936 angesichts des stark wachsenden Autoverkehrs wieder eingestellt wurde.

Tour 5

Die Stadt Mori auf dem Weg vom Etschtal zum Gardasee

*Weiter führt die Route auf der „Ciclovia Adige-Garda" zurück zur Strada Statale 240 (Via del Garda), dort nach rechts, am Kreisel links (**Wegepunkt ❷**) und erreicht eine Hochebene mit weitläufigen Weingärten. Der Radweg begleitet nun die Strada Statale, die von der Ausfahrt Rovereto-Süd direkt zum Gardasee führt. Traumstraße für Millionen von Urlaubern.*

*Bei Loppio geht es dann direkt an der Strada Statale entlang ziemlich flach weiter, bis man schließlich den Lago di Loppio erreicht (**Wegepunkt ❸**), ein schönes Naturreservat. Der Radweg verlässt kurz die Straße und absolviert einige Serpentinen mit einem dezenten Anstieg bis zum Pass San Giovanni, mit 272 Metern der höchste Punkt der Tour (**Wegepunkt ❹**). Nun geht es nur noch bergab. Zunächst fahren wir links, dann rechts von der Straße durch die Weingärten und vorbei an der Grundschule von Nago, erreichen dann den Ort Nago selbst und radeln direkt ins Zentrum.*

*Und dann kommt er endlich. Wir fahren auf der Via Europa und kommen dann an der Festung von Nago vorbei, die links von der Straße steht. Nach einer leichten Linkskurve erreichen wir den beliebten Aussichtspunkt mit einem großen Parkplatz (**Wegepunkt ❺**), von dem aus man einen perfekten Blick nach Torbole und auf den nördlichen Gardasee hat.*

Die Ortschaft Nago liegt auf 200 Metern Höhe oberhalb des Sees in bester Aussichtsposition und bildet zusammen mit Torbole eine Gemeinde.

Ein wirklich gelungenes Begrüßungsritual – zur linken Seite breitet sich der Park des **Castels Penede**

aus. Das einsam gelegene Kastell, beziehungsweise die Überreste davon, befinden sich am anderen Ende des Parks. Ein herrlicher Aussichtspunkt übrigens. Erbaut wurde diese Festung im frühen 13. Jahrhundert von den Grafen von Arco, die damit die alte römische Straße über den Pass zwischen Gardasee und Etschtal schützen wollten. 1439 ließ die Republik Venedig ihre Flotte mit 25 Booten und sechs Galeeren zerlegen und mit rund 2.000 Rindern als Tragetiere bis zum Hafen

Von Nago hat man einen herrlichen Blick auf den Gardasee

von Torbole transportieren, wo sie dann wieder zusammengebaut wurde. 1440 kam es dann zur Seeschlacht gegen die Kontrahenten aus Mailand, die von den Venezianern besiegt wurden, die dann wiederum Riva eingenommen hatten.

Auf der schnurgeraden Via Europa geht es hinunter nach Torbole und hinein in den lebhaften Ort, der ja seit vielen Jahren ein Kultort für Segler und Surfer ist.

Reisemobilstellplätze an oder nahe der Route

Camper Stop,
Via Al Cor 2/A, Torbole
Area Sosta Camper,
Via Brione 1, Riva del Garda

E-Bike Ladestationen an oder nahe der Route

Bikefarm, Via LInfano 43,
Torbole (am Radweg)
Info Point Garda Trentino,
Via Filzi, Riva del Garda
E-Bike Stop Spiaggia dei Pini, Via Franz Kafka,
Riva del Garda

Man taucht hier richtig ein in das turbulente Leben rechts und links der Gardesana Hauptstraße und entlang der Seeufer und 2 **Badestrände**. Ein Espresso oder ein Eis im Zentrum direkt an der Uferpromenade wäre ein standesgemäßer Einstieg.

*Entweder am Ufer entlang oder durch die Innenstadt überquert man am Weststrand vom Torbole den Fluss Sarca (**Wegepunkt 6**), kommt zu Campingplätzen und einem schönen Badestrand und dazu auf den gut ausgebauten Radweg Richtung Riva. Auf diesem Weg an den steilen Hängen des Monte Brione vorbei, erreicht man bald den Hafen und die Überreste der Festung von San Nicolo, die ersten Strände und Parkanlagen von Riva. Der Radweg schlängelt sich durch den Uferbereich bis zum Zentrum von Riva.*

In Torbole spielt sich fast alles am See ab

Für die Rückfahrt bieten sich neben dem Rad alternativ auch Bustransporte an. Die öffentlichen Busse transportieren nur konventionelle Räder und das auch nur in begrenztem Umfang. Für E-Bikes gibt es mehrere Shuttle-Anbieter in Riva. Adressen hat das Tourismusbüro Garda Trentino, Largo Medaglie d'Oro al Valor Militare, 5 in Riva del Garda oder unter www.gardatrentino.it

Erlebenswert in 3 **Riva** ist die Piazza III Novembre vor dem Hafen, nicht nur, weil man hier einen Ausflug mit den Schiffen, den Traghetti, anknüpfen könnte, sondern auch, weil man hier das klassische italienische Flair erleben kann. Weitere Informationen über den Ort finden Sie im **Ortsporträt Riva** (siehe S. 30).

Von Riva auf den Ponale, die perfekte Panoramastrecke

Tour 6 Länge 32 km

TOLLE AUSSICHTEN AUF HISTORISCHEN SPUREN

Eine Rundtour von Riva auf dem Ponale zum Ledrosee

Der Weg von Riva auf der alten Ponalestraße hinauf zum Ledrosee ist ein absoluter Radklassiker. Gleich zu Beginn begeistert er mit sensationellen Ausblicken auf den Gardasee. Die zweite Hälfte führt durch ein enges Tal Richtung Ledrosee, einem kleinen, aber sehr idyllischen Bergsee. Oben kann man die Tour mit Ausflügen weiter ins Tal zu einem kleinen See im Val Concei (Tour 8) oder links hinauf zum legendären Tremalzo (Tour 9) kombinieren.

Was erwartet mich?

32 km, 1.100 Höhenmeter, eine Rundtour, mit sehr unterschiedlichen Qualitäten. Die ersten drei Kilometer auf der berühmten alten Ponalestraße direkt über dem Seeufer (ohne Autoverkehr), teils mit Schotter, teils mit Asphalt. Richtung Ledro mit einem kurzen Abschnitt auf der Straße, auf einem Radweg und am Schluss steile Serpentinen. Bergab sollten E-Biker vor allem die engen Kurven vorsichtig angehen. Empfehlenswert sind Tourenräder mit griffiger Bereifung oder Mountainbikes.

Wie komm ich hin?

Mit dem Auto: Brennerautobahn, Ausfahrt Rovereto Süd und weiter über Loppio und Torbole zum Hafen von Riva. Wer sich die Fahrt durch das Zentrum mit viel Verkehr ersparen will, parkt am besten gleich nach dem Tunnel am Ortseingang und startet die Tour von dort mit dem Rad entlang des Seeufers Richtung Hafen. Offizieller Start wäre dann direkt beim Hafen von Riva. Dort parkt man am besten beim Kongresszentrum.

Was muss ich sehen?

1 **Zentrum von Riva mit Hafen**
2 **Panorama auf der alten Ponalestraße**
3 **Ledro Land Art**
4 **Pfahlbau-Museum** am Ledrosee

Wo tank ich auf?

I Momenti, Viale Giovanni Prati 4/C, Riva del Garda
Ristorante Ponale Alto Belvedere, Str. del Ponale, Ledro
Bar sul Ponale,
Via S.Giacomo 37/A, Ledro
Osteria La Torre,
Via Vittoria 28, Ledro

Kartentipp: **ADFC Regionalkarte Gardasee 1:50.000**

Tour 6

TOURSTART

*Sie starten im Hafen von Riva del Garda am Parkplatz direkt beim Kongresszentrum. Vom Hafen fahren Sie ein kurzes Stück weiter nach Westen und folgen der SS45bis nach links (**Wegepunkt ❶**).*

[1] **Riva** ist einer der populärsten und größten Orte am Gardasee und vor allem für Outdooraktivitäten ein idealer Ausgangspunkt. Weitere Informationen über den Ort finden Sie im **Ortsporträt Riva** (siehe S. 30).

Hier beginnt die Ponalestraße

*Vor dem Tunnel biegen wir scharf rechts ab und hinauf zum Einstieg in die Ponalestraße (**Wegepunkt ❷**). Nachdem man die Sperre für PKWs überwunden hat, führt der Weg mäßig steil und asphaltiert bergauf. Bald verschwindet der Asphalt und es geht auf Schotter weiter. Dann wird der Verkehr mit Radlern und Spaziergängern auch weniger. Spektakuläre Passagen mit Felsdurchbrüchen und Tunnels folgen. Je weiter man nach oben kommt, desto spektakulärer wird der Blick zurück nach Riva und über den nördlichen Gardasee. Meist teilen sich Fußgänger und Radler den Weg, teils gibt es auch eine separate Spur für Wanderer.*

Die alte [2] **Ponalestraße** war früher die offizielle Straße zum Ledrosee. 5,5 Kilometer lang und mit 330 Höhenmeter. Mitte des 19. Jahrhunderts wurde sie erbaut und in den Fels hinein gesprengt. Bis 1990, als der neue lange Straßentunnel eröffnet wurde, war sie offizielle Fahrstraße und einzige Verbindung von Riva zum Ledrosee und zum Bergdorf Pregasina. Heute ist sie als Sentiero del Ponale nur für Radler und Wanderer offen und eine der schönsten und populärsten Radstrecken.

Während des Ersten Weltkriegs gehörte dieser Teil des Gardasees den Österreichern, die die Straße befestigten und Festungen bauten. Reste davon kann man noch beim zweiten und dritten Tunnel erkennen.

Grandiose Ausblicke auf dem Weg Richtung Ledrosee

Ruhig und beschaulich ist das Bergdorf Pregasina

Nach knapp zwei Kilometern dreht sich der Weg rechts vom See ab, bekommt wieder einen asphaltierten Untergrund und kommt zum Ristorante Belvedere.

Der Name **Belvedere** ist Programm für den gesamten Weg – schöne Aussicht. Das Lokal wurde vor einigen Jahren renoviert und ist heute eine beliebte Pausenstation für Radler und Wanderer.

*Kurz danach erreicht man die Kreuzung (**Wegepunkt ❸**) mit der Straße, die links nach Pregasina abzweigt.*

Pregasina ist ein romantisches kleines Bergdorf, das früher auch nur über diese alte Straße erreichbar war.

Die Tour geht aber rechts weiter und sorgt mit einigen Serpentinen und weiterhin besten Ausblicken auf den See für Abwechslung. Nun fährt man weg vom Seeufer und auch weg von den traumhaften Aussichten. Der Weg ist jetzt breiter und bequemer, führt geradewegs hinein in das Tal Richtung Ledrosee.

Klein aber trotzdem gut für Segelpartien, der Ledrosee

*Ein kurzes Stück fährt man dann auf der offiziellen Straße Richtung Ledro, bis man links auf einen Schotterweg (**Wegepunkt ❹**) abzweigen und parallel zur Hauptstraße weiterfahren kann. Es geht immer wieder leicht bergauf auf dem idyllischen Weg durch den schmalen Taleinschnitt. Der Weg zieht sich sanft bergauf über Wiesen und Waldpassagen weiter Richtung Ledrosee.*

Rechts kann man bei der **Bar sul Ponale** direkt am Radweg eine kleine Pause einlegen. Wenige Meter danach erreicht man eine kleine Siedlung mit der Kirche **San Giacomo Maggiore**.

Es ist nun nicht mehr weit bis zum ersten Ort am See: Molina di Ledro. Das ist bei dieser Tour die erste Anlaufstation, von der aus man verschiedene Optionen hat, die Tour zu verlängern. Doch davon später mehr.

*Dafür sind noch etliche Höhenmeter mit einigen Serpentinen und längeren Steilstücken zu absolvieren, die meist betoniert sind. Bald erreicht man dann die ersten Häuser von Molina di Ledro. Durch das Ortszentrum kommt man direkt zum Seeufer (**Wegepunkt ❺**).*

Dort hat man einen herrlichen Ausblick auf den See, der mit 2,2 Quadratkilometern relativ klein ist. Aber er hat seine Qualitäten und einige bemerkenswerte Sehenswürdigkeiten. Der **Ledrosee** liegt auf 655 Metern Höhe, ist also knapp 600 Meter höher als Riva. Es gibt insgesamt drei Orte am See. Molina di Ledro am Ostufer, Pieve di Ledro am Nordwestufer und Mezzolago zwischen den beiden Orten. Endlich oben am See, sollte man sich eine Runde am Ufer entlang gönnen.

Reisemobilstellplätze an oder nahe der Route

Area Sosta Camper, Via Brione 1, Riva del Garda
Camper Stop, Via Al Cor 2/A, Torbole
Area Camper Ledro, Zona Artigianale, 160, Ledro

E-Bike Ladestationen an oder nahe der Route

Info Point Garda Trentino, Via Filzi, Riva del Garda
E-Bike Stop Spiaggia dei Pini, Via Franz Kafka, Riva del Garda
Bike Stop Prè, Via S. Giacomo 23, Ledro

Holzfiguren im Land Art Ledro

Dazu fahren wir in Molina rechts ein kurzes Stück auf der Straße zu einem Campingplatz, wo wir dem Radweg folgen, der das Ufer begleitet und mit einigen Kurven und auch schmäleren Passagen weiter Richtung Westen führt. Man hat auf dieser Strecke herrliche Aussichten auf den See und erreicht schließlich Pieve di Ledro mit seinem Hafen und das Strandbad beim Hotel Lido.

Reizvoll ist ein Abstecher rechts in das **historische Zentrum von Pieve di Ledro**. Sehenswert ist das Museo Foletto, in dem die Geschichte der Apotheke Familie Foletto und ihr Schaffen in den vergangenen über 100 Jahren dokumentiert ist. Auch heute noch werden Säfte und Liköre nach alter Tradition und Rezepten bei Foletto produziert.

Doch nun wenden wir uns der Runde um den See wieder zu. Auf einer Straße fährt man vorbei an Landhäusern zum Südufer, wo bald ein Radweg durch den schattigen Wald folgt bis zu einem Badestrand mit zahlreichen Ferienhäusern. Dort könnte man rechts

Reminiszenzen an die Bronzezeit, das Pfahlbaumuseum

*(**Wegepunkt** ❻) etwa einen Kilometer flach auf einer Forststraße in den Wald radeln bis zu* **3 Ledro Land Art***, einem Freilichtkunstpark mit eindrucksvollen Kreationen aus der Tierwelt.*

Das letzte Stück entlang des Seeufers radelt man auf einer kurvenreichen Straße bis Molina di Ledro.

Das **4 Pfahlbau-Museum** des Ledrosees führt durch das Leben in der Bronzezeit, wobei Rekonstruktionen und Originalüberreste einer Pfahlbausiedlung (2.200-1350 v.Chr.), die am östlichen Ufer des Sees entdeckt wurden, zu sehen sind. Die Reste der Pfahlbauten sind nach tausenden Jahren im Herbst 1929 erneut ans Tageslicht gekommen, als der Wasserspiegel des Ledrosees gesenkt wurde, um das Wasserkraftwerk von Riva del Garda zu bauen.

Zurück nach Riva und unserem Ausgangspunkt geht es dann auf derselben Strecke. Vor allem am Anfang sollte man bei den steilen Kehren bergab mit dem E-Bike vorsichtig sein.

Auf der Ponalestraße nach Pregasina

Tour 7 Länge 21 km

PANORAMATOUR NACH PREGASINA UND ZURÜCK

Rundtour auf einer der schönsten und beliebtesten Routen am Gardasee

Auf den ersten Blick wirkt diese Tour etwas gegen den Strich gebürstet. Normalerweise radeln die Biker von Riva aus zu dem herrlich gelegenen Bergdorf Pregasina. Diese Variante führt vom Ledrosee zunächst etwas bergab auf der alten Ponalestraße und biegt dann rechts ab auf den historischen Weg hinauf nach Pregasina. Ein Klassiker, schön und begehrt. Deshalb ist es besser, an Wochentagen und in der Nebensaison zu fahren.

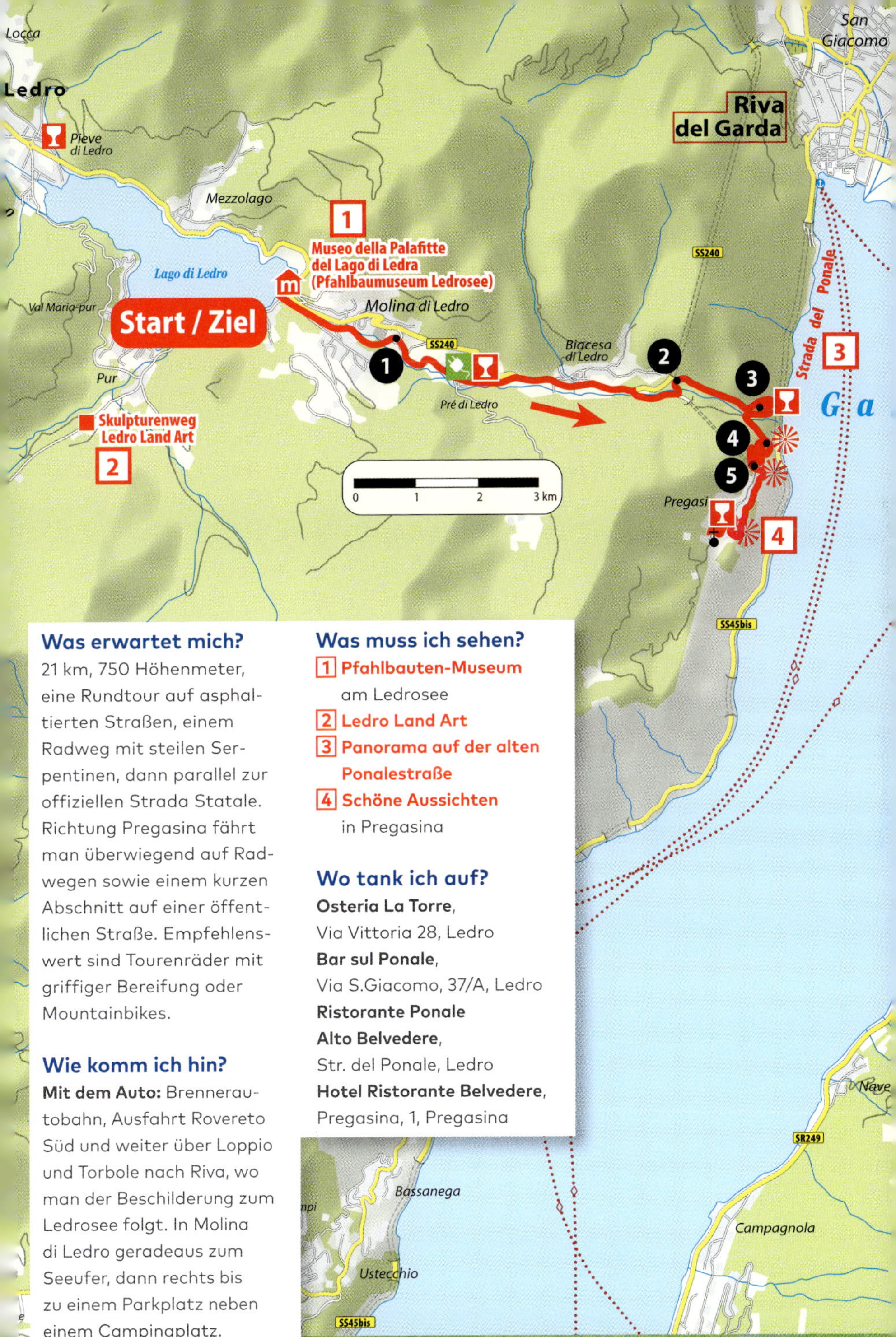

Was erwartet mich?

21 km, 750 Höhenmeter, eine Rundtour auf asphaltierten Straßen, einem Radweg mit steilen Serpentinen, dann parallel zur offiziellen Strada Statale. Richtung Pregasina fährt man überwiegend auf Radwegen sowie einem kurzen Abschnitt auf einer öffentlichen Straße. Empfehlenswert sind Tourenräder mit griffiger Bereifung oder Mountainbikes.

Wie komm ich hin?

Mit dem Auto: Brennerautobahn, Ausfahrt Rovereto Süd und weiter über Loppio und Torbole nach Riva, wo man der Beschilderung zum Ledrosee folgt. In Molina di Ledro geradeaus zum Seeufer, dann rechts bis zu einem Parkplatz neben einem Campingplatz.

Was muss ich sehen?

1 **Pfahlbauten-Museum** am Ledrosee
2 **Ledro Land Art**
3 **Panorama auf der alten Ponalestraße**
4 **Schöne Aussichten** in Pregasina

Wo tank ich auf?

Osteria La Torre, Via Vittoria 28, Ledro
Bar sul Ponale, Via S.Giacomo, 37/A, Ledro
Ristorante Ponale Alto Belvedere, Str. del Ponale, Ledro
Hotel Ristorante Belvedere, Pregasina, 1, Pregasina

Kartentipp: **ADFC Regionalkarte Gardasee 1:50.000**

Tour 7

TOURSTART

*Sie starten direkt am Seeufer des Ledrosees und fahren zuerst durch den Ort und dann rechts (**Wegepunkt ❶**) auf Nebenstraßen parallel zur SS240.*

Molina di Ledro ist ein ausgezeichneter Startort für diesen Ausflug. Der kleine Ort am Ostufer des Ledrosees befindet sich kurz hinter dem langen Tunnel auf der Fahrt von Riva hinauf zum See. Hier könnte man vor dem Start auch noch eine kleine Sightseeing Tour zu dem 1 **Museum der historischen Pfahlbauten** machen, die hier vor langer Zeit in den See hinein gebaut worden sind – aus Sicherheitsgründen und um leichter und besser fischen zu können. Lohnend ist auch ein kleiner Ausflug zum Südufer, zum 2 **Ledro Land Art**, einem Freilichtmuseum mit sehr naturnahen Kunstwerken im Wald.

Ledro Land Art,
Kunst aus Holz im Wald

*Auf diesem Abschnitt sollte man gerade mit dem E-Bike vorsichtig fahren und vor den Kehren rechtzeitig und mit Gefühl bremsen. Danach geht es geradeaus weiter über einige Wiesen und dann durch ein kleines Gewerbe- und Wohngebiet. Kurz danach hält man sich rechts und fährt an der Bar Sul Ponale vorbei. Der Weg führt weiter bergab Richtung Osten und folgt parallel der Strada Statale, bis man nach wenigen Minuten eine kurze Passage auf der befahrenen Strada Statale fahren muss. Beim Tunnelausgang (**Wegepunkt ❷**) halten wir uns rechts und fahren weiter auf der alten Ponalestraße geradeaus und bergab. Dann erwartet uns nicht nur eine schöne Aussicht auf den See, sondern auch einige enge Serpentinen. Dort sollte man wieder relativ vorsichtig und gemütlich fahren.*

Nach der letzten Linkskurve erreichen wir das Restaurant Ponale Alto Belvedere, ein Klassiker für Radler, die gerne eine aussichtsreiche Pause einlegen.

Tour 7

Perfekter Seeblick auf der Ponalestraße

Wir sind nun mittendrin in der historischen 3 **Ponalestraße**. Erbaut wurde die Straße Mitte des 19. Jahrhunderts, indem man die Strecke mit viel Aufwand in den Fels hinein gesprengt hat. Bis 1990, als der neue lange Straßentunnel eröffnet wurde, war sie offizielle Fahrstraße und einzige Verbindung von Riva zum Ledrosee und zum Bergdorf Pregasina. Heute ist sie als Sentiero del Ponale eine absolute Attraktion und gilt vielen als die schönste Radstrecke der Welt. Sie ist nur für Radler und Wanderer passierbar, und das ist zur Hochsaison schon genug Verkehr.

*Kurz vor dem Lokal verlassen wir den Weg in der Linkskurve (**Wegepunkt** ❸) und folgen rechts dem schmalen Weg, der Richtung Pregasina nach wenigen hundert etwas flacheren Metern wieder bergauf verläuft. Bei einer Rechtskurve (**Wegepunkt** ❹) bietet sich ein kurzer Rastplatz mit einer herrlichen Aussicht an, der auch gerne von Radlern und Wanderern genutzt wird. Weiter geht es auf dem asphaltierten, aber doch schon etwas in die Jahre gekommenen Weg mit einigen scharfen Kehren bergauf. Unterwegs passiert man immer wieder steile Felswände auf der rechten Seite und hat links immer wieder einen herrlichen Blick auf den nördlichen Gardasee, mit Riva und Torbole im Hintergrund. Unterbrochen nur von dichten Büschen, die den Weg flankie-*

Reisemobilstellplätze an oder nahe der Route

Area Camper Ledro,
Zona Artigianale, 160, Ledro

E-Bike Ladestationen an oder nahe der Route

Bike Stop Prè,
Via S. Giacomo, 23, Ledro

*ren. Man fährt nun auf dem schmalen, asphaltierten Weg kontinuierlich bergauf, hat unterwegs immer wieder einige Kehren zu absolvieren und erreicht nach rund zwei Kilometern eine öffentliche Straße (**Wegepunkt ❺**), die rechts in einen Tunnel verschwindet und links weiter Richtung Casina führt. Wir fahren links. Kurz danach eröffnet sich links von der Straße ein Aussichtspunkt mit einer großen Statue, der Regina Mundis, die Königin der Welt. Nun fahren wir zielstrebig weiter bergauf, haben es nicht mehr weit nach Pregasina. Nur mit dem Unterschied, dass hier auf der später noch schmaler werdenden Straße auch einige Autos unterwegs sein können. Bald folgen noch einige enge Kurven. Nun trennen uns nur noch wenige hundert Meter und eine enge Linkskurve von Pregasina.*

Das kleine beschauliche Dorf liegt wirklich mustergültig am Hang mit viel Sonne und natürlich mit

Tour 7

Wenige Autos und viel Ruhe in Pregasina

herrlichen **4 Aussichten**, was hier oben fast selbstverständlich ist. Gleich am Eingang des Ortes sieht man rechts das **Hotel Ristorante Belvedere**, wo man nicht nur übernachten, sondern auch gut einkehren kann, was viele Radler gern tun. Ansonsten ist Pregasina recht beschaulich. Während des ersten Weltkriegs war das Dorf ein strategisch wichtiger Bereich, ebenso wie die alte Ponalestraße, wo man heute noch entlang des Weges einige Bunker aus dieser Zeit sehen kann. Außer dem einen Lokal, herrlichen Aussichten und einer ausgeprägten ländlichen Idylle hat das Dorf nicht viel zu bieten. Das hat aber auch seinen besonderen Reiz.

Für den Rückweg wählen wir die gleiche Strecke. An der Abzweigung der Ponalestraße zum Ledrosee, gibt es noch die Möglichkeit, sie mit einem Ausflug nach Riva zu kombinieren (siehe Tour 6, plus weitere ca. 8 km). Damit wäre ein Tag wirklich gut gefüllt.

Auf dem Weg hinein ins Ledrotal

Tour 8

Länge 29 km

LANDIDYLLE AM LEDROSEE

Rundtour vom schönen Ledrosee hinein ins Ledrotal zum einsamen d`Ampola See und zurück

Einfach mal weg vom Rummel am Gardasee und hinein in die unberührte Naturlandschaft. Die Hochtäler rund um den Ledrosee bieten da viele Möglichkeiten für entspannte Ausflüge. Einer führt vom Ledrosee oberhalb von Riva durch das Ledrotal bis zu einem versteckten kleinen Bergsee. Ideal für sonnige Wochenendtage, wenn es weiter draußen viel Trubel gibt. Unterwegs passiert man einige kleine Bergdörfer.

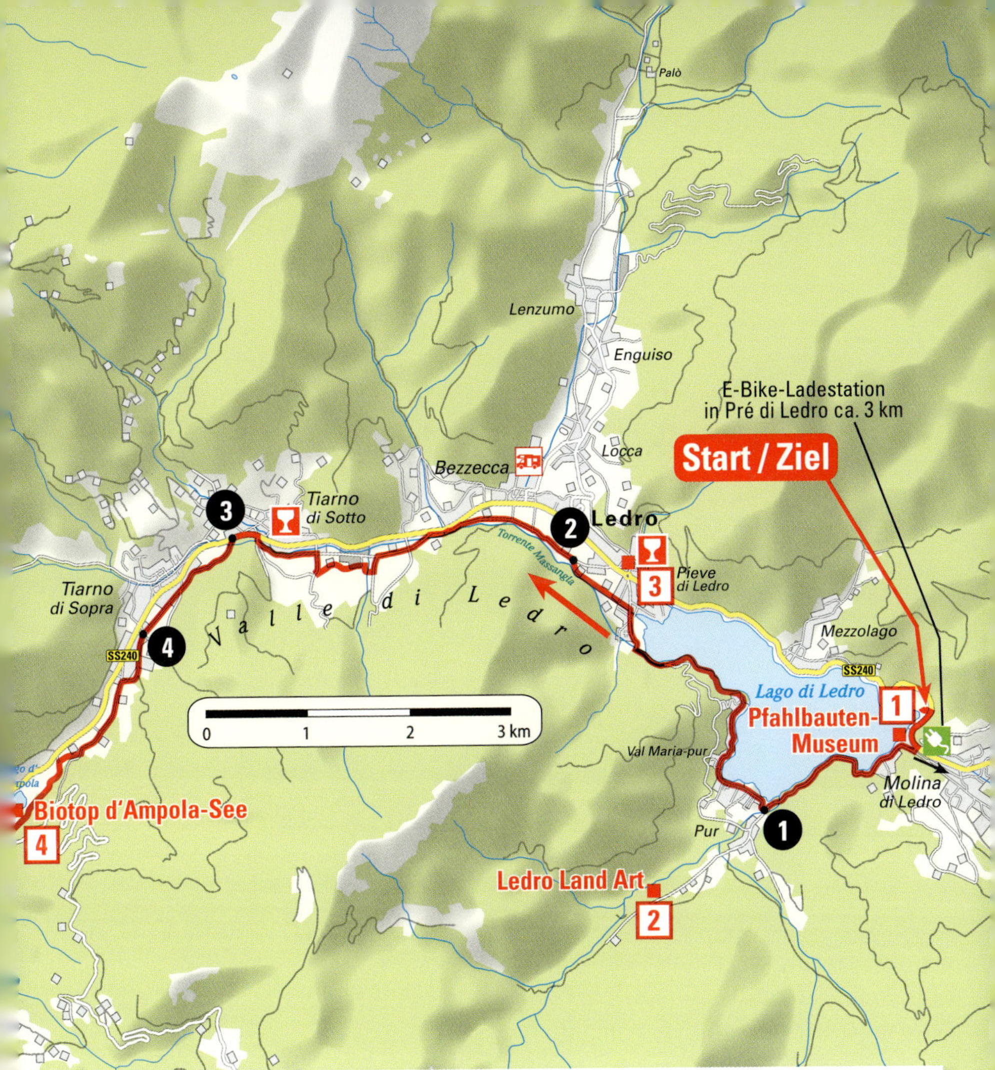

Was erwartet mich?

29 km, 320 Höhenmeter, Rundtour (identischer Hin- und Rückweg) fast durchweg auf Radwegen, die teils asphaltiert und teils auf Schotter sind. Entlang des Südufers des Ledrosees verläuft der Weg auf einer kurvigen Asphaltstraße und später mit einer Waldpassage mit leichtem Single Trail Charakter.

Wie komm ich hin?

Mit dem Auto: Brennerautobahn, Ausfahrt Rovereto Süd und weiter über Loppio und Torbole nach Riva, wo man der Beschilderung zum Ledrosee folgt. In Molina di Ledro geradeaus zum Seeufer, dann rechts bis zu einem Parkplatz links neben einem Campingplatz.

Was muss ich sehen?

1. **Pfahlbauten-Museum** am Ledrosee
2. **Ledro Land Art**
3. **Historisches Zentrum Pieve di Ledro**
4. **Biotop d`Ampola See**

Wo tank ich auf?

Osteria La Torre,
Via Vittoria, 28, Ledro
Ristorante alla Perla,
Via Giuseppe Garibaldi, 73, Ledro

Kartentipp: **ADFC Regionalkarte Gardasee 1:50.000**

Tour 8

TOURSTART

Sie starten am Parkplatz am westlichen Ortsrand von Molina, direkt am Seeufer des Ledrosees. Dort startet auch der Radweg, der nun das südliche Ufer, also die linke Seite des Sees, begleitet und am Pfahlbau-Museum vorbei führt.

Ledro Land Art - Kunst, die sich harmonisch in den Wald einfügt

Tipp: Alternativ gibt es auch am Nordufer einen Radweg, der zwar schöne Aussichten bietet, aber eng und kurvig und zur Hochsaison stark frequentiert ist.

Das 1 **Pfahlbau-Museum** des Ledrosees ist eine der bekanntesten Sehenswürdigkeiten, in dem die Reste von Pfahlbauten aus der Bronzezeit dokumentiert sind. Diese Pfahlbauten wurden in den fünfziger Jahren entdeckt und aufbereitet. Sie entstanden vor rund 4.000 Jahren als Schutz vor wilden Tieren und für den Fischfang. Insgesamt 15.000 Pfähle hatte es hier gegeben.

*Die Straße macht einige Kurven bis zur kleinen Siedlung Pur (**Wegepunkt** ❶), wo es auch einen Badestrand und Hafen gibt.*

Dort könnte man einen kleinen Abstecher links auf der Schotterstraße etwa 1 km nach Süden machen und dort die Open Air Kunstinstallation 2 **Ledro Land Art** besichtigen.

Archaische Atmosphäre beim Pfahlbaumuseum

In dem Waldstück sind mehrere Kunstobjekte ausgestellt, die ganz aus Holz geschaffen und alle über einen Fußweg miteinander verbunden sind.

*Danach fährt man weiter auf der kurvigen Via Val Maria und folgt in einer scharfen Linkskurve dem Radweg geradeaus hinein in den Wald. Diese Waldpassage hat einige Kurven und mündet kurz vor dem Westufer wieder auf die Straße. Am Seeufer sieht man von weitem schon den Strand, den Hafen und das Hotel Lido bei Pieve di Ledro. Unsere Tour führt weiter bis zum Campingplatz und direkt hinter dem Fluss Torrente Massangia links ab (**Wegepunkt ❷**).*

3 **Pieve di Ledro** ist ein sehr nostalgisches kleines Dorf mit engen Gassen und traditionellen Bürgerhäusern, einigen charmanten Lokalen und dem pharmazeutischen Museum Foletto. Die gemütliche Osteria La Torre wäre ein guter Platz für eine kleine Pause – vielleicht eher auf dem Rückweg.

Auf der Via Imperiale führt nun unser Weg recht entspannt und fast ohne Höhenunterschiede weiter in das Tal hinein. Man hat einen schönen Blick auf das Ledrotal und rechts hinein in das Val Concei. Flache Wiesen, einige Kuhweiden und vereinzelte Wohnhäuser säumen den Weg. Es geht weiter am linken Talrand direkt neben dem steil aufsteigenden Bergwald Richtung Westen.

Auf der rechten Seite sieht man hinter der Talstraße die kleine Ortschaft Bezzecca. Dort gibt es am Ortsrand ein **Denkmal**, das an eine historische Schlacht zwischen italienischen und österreichischen Truppen im Jahr 1866 erinnert.

Unsere Fahrt verläuft weiter am linken Rand des Tals entlang, dreht nur wie das gesamte Ledrotal etwas nach links und verläuft weiter bis zur Ortschaft Tiarno

Blick von Bezzecca hinüber zum Ledrosee

*di Sotto, wo wir ein kurzes Stück auf der SS240 radeln, bevor wir wieder nach links die Straße verlassen (**Wegepunkt** ❸).*

In diesem kleinen Ort gibt es erstaunlich viele Gewerbebetriebe und einige Kraftwerke. Auch die Holzverarbeitung ist hier sehr präsent. Kein Wunder bei den dicht bewachsenen Wäldern in der Umgebung.

*Nur wenige Minuten mit dem Rad sind es bis zum Nachbarort Tiarno di Sopra. Auf dem Weg dorthin fahren wir weiter am Waldrand entlang, passieren einige Wohnhäuser, wobei man zwischendurch einige enge Kurven absolvieren muss. Hinter Tiarno di Sopra treffen wir auf eine Wegkreuzung und folgen der Straße Via Alcide De Gasperi schräglinks (**Wegepunkt** ❹). Es wird wesentlich ruhiger und es sind kaum noch Wohnhäuser*

Reisemobilstellplätze an oder nahe der Route

Area Camper Ledro,
Zona Artigianale, 160, Ledro

E-Bike Ladestationen an oder nahe der Route

Bike Stop Prè,
Via S. Giacomo, 23, Ledro

oder Firmengebäude zu sehen. Der Weg verläuft weiter Richtung See, der sich allerdings hinter hohem Gras versteckt – bis zum letzten Moment. Das letzte Stück führt nun noch durch den schattigen Wald, bis schließlich rechts etwas unterhalb des Weges ein kleines Centro Visitatori zu erkennen ist.

Von dem nur 50 Hektar großen **4 Biotop d`Ampola See** selbst sieht man zunächst wenig. Etwas Wasser schimmert immerhin durch das Schilfgras. Der See liegt auf 730 Metern Höhe und ist ursprünglich ein Gletschersee, der mit dem Ledrosee einst verbunden war. In dem Biotop gibt es unter anderem eine seltene Eidechsenart.

Unsere Rückfahrt auf der gleichen Strecke ist sehr gemütlich, denn man fährt ja talauswärts, also tendenziell bergab. Schließlich landet man wieder vor dem

Der d´Ampola See versteckt sich hinter hohem Gebüsch

Ledrosee, wo wieder das Südufer Richtung Molina gewählt wird.

Vom Pfahlbau-Museum fährt man dann auf der Straße weiter, bis man zur Abzweigung rechts Richtung Riva kommt, hält sich dort links und fährt auf den Radweg, der uns zurück zum Parkplatz, unserem Ausgangspunkt der Tour, bringt.

Diese recht gemütliche Tour kann man natürlich mit anderen Strecken um den Ledrosee kombinieren. Zum Beispiel mit dem Klassiker auf der alten Ponale Straße herauf von Riva bis zum Ledrosee oder mit einem Ausflug auf der asphaltierten Straße vom Ledrotal hinauf zum berühmten Tremalzo. Eine Kultstrecke für Mountainbiker, die allerdings überwiegend von der Gardaseeseite auf ehemaligen Militärstraßen hinauf strampeln.

Gemütliches Radeln auf dem flachen Weg durch das Ledrotal

Tour 9

Länge 50 km

EIN MTB-KLASSIKER AUF DIE ETWAS GEMÜTLICHERE ART

Rundtour vom Ledrosee zum berühmten Tremalzo und zurück

Der Tremalzo gehört für ambitionierte Gardasee-Mountainbiker zum Pflichtprogramm. Das geht auch mit dem E-Bike als Genusstour. Vom Ledrosee verläuft eine gut ausgebaute Asphaltstraße mit herrlichen Aussichten und guten Einkehrmöglichkeiten durch die Natur. Die gesamte Fahrt hinauf zum Tremalzo misst rund 24 Kilometer mit etwa 1000 Höhenmetern.

Was erwartet mich?

50 km, 1.050 Höhenmeter, Rundtour (identischer Hin- und Rückweg) am Ledrosee und durch das Ledrotal bis zur Abzweigung hinauf zum Tremalzo weitgehend flach auf Asphaltstraßen und Radwegen. Danach auf Asphalt kontinuierlich mit acht bis zehn Prozent Steigung bergauf. Auf der Rückfahrt kann man es rollen lassen. Ein voller Akku ist unverzichtbar.

Wie komm ich hin?

Mit dem Auto: Brennerautobahn, Ausfahrt Rovereto Süd und weiter über Loppio und Torbole nach Riva, wo man der Beschilderung zum Ledrosee folgt. In Molina di Ledro geradeaus zum Seeufer, dann rechts bis zu einem Parkplatz neben einem Campingplatz direkt am Seeufer.

Was muss ich sehen?

1 Pfahlbauten-Museum am Ledrosee
2 Ledro Land Art
3 Historisches Zentrum Pieve di Ledro
4 Hochebene am Tremalzo

Wo tank ich auf?

Osteria La Torre, Via Vittoria, 28, Ledro
Malga Bezzecca, Tremalzo
Rifugio Garda Tremalzo, Via Str. per Tremalzo 15, Ledro

Kartentipp: **ADFC Regionalkarte Gardasee 1:50.000**

Tour 9

TOURSTART

Sie starten direkt am Seeufer des Ledrosees bei Molina di Ledro. Dort gibt es neben dem Campingplatz einen größeren Parkplatz direkt an der Straße.

Der romantisch gelegene Ledrosee oberhalb von Riva zwischen den Bergen am Westufer des Gardasees ist ein stimmungsvoller Startort für diese Tour. Im Sommer kann man die Radtour mit einem Badeausflug kombinieren.

Vom Parkplatz neben dem Campingplatz fahren wir auf die Südseite des Sees und folgen der asphaltierten Straße. Hier kommen wir gleich zum Pfahlbau-Museum direkt rechts von der Straße.

Im 1 **Pfahlbau-Museum** kann man die Geschichte der historischen Pfahlbauten aus der Bronzezeit erleben. Entdeckt wurden rund 10.000 Pfähle beim Bau

Das gemütliche Pieve di Ledro liegt etwas abseits des Sees

eines Wasserkraftwerks in den späten zwanziger Jahren des vergangenen Jahrhunderts. Gebaut wurden sie einst zum Schutz der Bewohner und zur Erleichterung des Fischfangs. In den vier Rekonstruktionen der alten Pfahlbauten bekommt man einen Eindruck, wie die Menschen damals gelebt hatten. Zum modernen Museumsneubau gehören originale Exponate wie etwa ein 3.600 Jahre altes Kanu.

*Wir folgen weiter der Straße am Ufer entlang. Sie macht dann einen Linksbogen, passiert einige Lokale und Läden und führt mit einigen teilweise engen Kurven an den steilen Hängen vorbei bis zu einer Bucht auf der Südseite. Hier in Pur gibt es einen Hafen und einen Badestrand (**Wegepunkt ❶**).*

Dort könnte man einen kleinen Abstecher links auf der Schotterstraße etwa 1 km nach Süden machen und in einem Pinienwald die Open Air Kunstinstallation **2 Ledro Land Art** besichtigen. In dem Waldstück

sind mehrere Kunstobjekte ausgestellt, die ganz aus Holz geschaffen und alle über einen Fußweg miteinander verbunden sind. Die Arbeiten einheimischer Künstler haben einen starken Bezug zur Natur und zu aktuellen Themen. Auf dem etwas verschlungenen Themenweg ist es besser, das Rad zu schieben.

Zurück am Ledrosee fahren wir weiter am Südufer entlang auf der Via Val Maria. Bald wechselt man in einer engen Linkskurve auf einen Radweg geradeaus durch den Wald. Im Sommer ist das dank des Schattens sehr angenehm. Der Radweg mündet wieder auf die Asphaltstraße und erreicht nach wenigen hundert Metern den Strandbereich rund um das Hotel Lido in Pieve di Ledro.

Weiter rechts sieht man das **3 Dorfzentrum von Pieve di Ledro**, einem sehr nostalgischen kleinen Dorf. Die gemütliche **Osteria La Torre** wäre ein guter Platz für eine Stärkung, bevor es bergauf geht. Interessant ist auch das Museum des Pharmaunterneh-

Nach der langen Steigung wird es oben am Tremalzo gemütlich

mens Poletto, wo früher pharmazeutische Geräte und Spezialitäten ebenso wie Säfte und Liköre produziert wurden. Letztere kann man dort auch heute noch erwerben.

*Hinter dem Campingplatz biegen wir links ab (**Wegepunkt** ❷) und folgen dem Fluss Torrente Massangia. Unsere Tour bringt uns weiter in das Ledrotal hinein. Der Weg ist weitgehend flach mit fast unmerklichen Steigungen, passiert einige schöne Landhäuser und eine Kuhwiese und zieht dann gleich nach links weiter immer am Hang und am Waldrand entlang. Es ist ein recht gemütlicher und abwechslungsreicher Radweg, der zuerst die kleine Ortschaft Bezzecca passiert.*

Dort gibt es am Ortsrand ein **Denkmal**, das an eine historische Schlacht zwischen italienischen Truppen unter Garibaldi und den Österreichern im Jahr 1866 erinnert. In Gedenken daran findet jedes Jahr im Juli dort ein Garibaldi-Fest statt.

Reisemobilstellplätze an oder nahe der Route

Area Camper Ledro,
Zona Artigianale, 160, Ledro

E-Bike Ladestationen an oder nahe der Route

Bike Stop Prè,
Via S. Giacomo, 23, Ledro

Weiter geht es recht entspannt durch das Ledrotal, bis man wenige Minuten später zu der Ortschaft Tiarno di Sotto kommt, die auf der rechten Talseite liegt.

Hier in diesem Tal gibt es nicht nur viel Wald, sondern demzufolge auch zahlreiche Holzverarbeitungsbetriebe, von denen wir einige auf dem Radweg passieren.

Kurz danach erreichen wir den Rand von Tiarno di Sopra – also zuerst Unter- und dann Ober-Tiarno.

Die Leute von Tiarno di Sopra hat man früher Asini, also Esel, genannt, weil es bei den Dorffesten damals immer berühmte Eselrennen gab.

*Hinter Tiarno di Sopra treffen wir auf eine Wegkreuzung und folgen der Straße Via Alcide De Gasperi schräglinks (**Wegepunkt ❸**). Es wird hier wesentlich ruhiger und es sind kaum noch Wohnhäuser oder Firmengebäude zu sehen. Der Weg verläuft weiter Richtung d`Ampola See, der allerdings hinter hohem Gras kaum zu entdecken ist.*

*Kurz vor dem See biegt dann die Straße links Richtung Tremalzo ab (**Wegepunkt ❹**). Von Anfang an geht es stetig bergauf mit etwa acht bis zehn Prozent und einigen Serpentinen.*

Zwischendurch hat man immer wieder einen schönen Ausblick Richtung Ledrosee. Nach etwas mehr als vier Kilometern durch den Wald erreicht man eine Lichtung und sieht dort rechts die kleine **Kirche Santa Croce** mit ihrem winzigen Kirchturm. Nach weiteren vier Kilometern, die überwiegend auf offenem Gelände verlaufen, passiert man das **Besucherzentrum eines Naturprojekts** und fährt weiter wieder in den Wald hinein mit einigen engen Kurven und immer wieder bergauf und kommt dann schließlich zu der 4 **Hochebene von Tremalzo**, dem Ziel unseres Ausflugs. Es ist ein weites, offenes und dabei auch recht hügeliges Gelände.

*Die Hauptstraße zieht weiter geradeaus und absolviert bald zwei Serpentinen bis zu einer kleinen Siedlung mit mehreren Hotels und Apartmenthäusern. Rechts zweigt eine Schotterstraße ab (**Wegepunkt ❺**), die über das offene Gelände und ziemlich flach bis zu einem eigenwilligen Gebäude führt.*

Hinter den Hotels beginnt der rustikale Teil der Tremalzo Straße

Dabei handelt es sich um ein **verlassenes Luxushotel**, das früher zu dem 1997 stillgelegten Skigebiet auf dem Tremalzo gehörte. Das Skigebiet bekam mangels Schneesicherheit enorme wirtschaftliche Probleme. Die Ruine des einstigen Hotels Tremalzo wirkt gespenstisch, was auch daran liegt, dass es intern noch einige kuriose Relikte samt abgewohntem Mobiliar zu sehen gibt. Insgesamt macht das Interieur einen recht verwahrlosten Eindruck. Die **Käserei** der Famile Oradini liegt nur 100 Meter von der Hotelruine entfernt. Vier Generationen der Oradinis arbeiten hier oben. Die Urenkel spielen auf der Wiese vor dem Haus, wo die schwarzweiß gefleckten Holsteinrinder grasen. Die Käserei ist ein beliebtes Ausflugsziel. Schließlich kann man hier auch schön einkehren. Stilgerecht ist es auf alle Fälle.

Die Halbzeit der Tour ist ab hier frei wählbar. Auf den nächsten Metern folgt eine kleine Siedlung mit Hotels und Apartmenthäusern etwas weiter links. Oder man radelt noch weitere 1,5 km bis zum nächsten Ausflugslokal mit einem traumhaften Ausblick.

Der Rückweg erfolgt nun auf der selben Route hinunter zum d`Ampola See und ins Ledrotal. Eine gute Nachricht für E-Biker, denn nun ist kaum mehr Motorenunterstützung notwendig.

Tipp: Wer es sportlicher liebt und auch ein entsprechendes Mountainbike fährt, kann oben noch rund drei Kilometer mit 240 Höhenmetern über die Tremalzo Hütte bis zur Passhöhe und zum Tunnel weiterfahren, wo man auf der anderen Seite einen schönen Blick auf den Gardasee erhält. Ganz nach unten zu fahren ist nicht empfehlenswert, denn zwischen Limone bis Riva gibt es keinen durchgehenden Radweg und etliche Tunnels.

Im alten Hafen von Limone

Tour 10 Länge 12 km

SPEKTAKULÄRE RUNDE UM LIMONE

Eine Rundtour um Limone plus extravagantem Radweg am Nordwestufer des Gardasees

Eine ausgewachsene Radtour ist diese Runde bei Limone am Nordwestufer des Gardasees nicht. Aber allein der spektakuläre Neubau des Radwegs nördlich von Limone ist den Ausflug wert. Er ist Teil des großen Projekts des kompletten Radwegs rund um den Gardasee. Die relativ kurze Strecke mit zwei Kilometern und minimalen Steigungen kann man mit einer gemütlichen Tour rund um den schön gelegenen Ort Limone verbinden.

Was erwartet mich?

12 km, 300 Höhenmeter, Rundtour anfangs durch verwinkelte Gassen, später auf einem komfortablen und breiten neuen Radweg. Die anschließende Runde um Limone auf Nebenstraßen mit leichten Steigungen und mit einem kurzen Abstecher auf der Gardesana.

Wie komm ich hin?

Mit dem Auto: Brennerautobahn, Ausfahrt Rovereto Süd und weiter über Loppio und Torbole nach Riva. Von dort weitere 10 Kilometer entlang des Seeufers bis Limone. Am Südrand des Ortes beim Busbahnhof befinden sich viele Parkplätze.

Was muss ich sehen?

1. Historisches Zentrum von Limone
2. Museo del Turismo
3. Neuer Radweg
4. Zitronengärten, Museo Limonaio del Castel

Wo tank ich auf?

Ristorante Gemma, Piazza Garibaldi, 11, Limone

Pizzeria Dal Bigaröla, Via IV Novembre 42, Limone

Kartentipp: **ADFC Regionalkarte Gardasee 1:50.000**

Tour 10

TOURSTART

Sie starten am südlichen Rand der Altstadt von Limone. Der Parkplatz Lungolago neben dem Busbahnhof und direkt am See ist ein idealer Ausgangspunkt.

Der kleine Ort **Limone** schmiegt sich an die schmalen Hänge am Nordwestufer des Gardasees – eingerahmt von mächtigen und steilen Felswänden. Vielleicht war es auch diese abgeschiedene Lage zusammen mit dem herrlichen Blick auf den Gardasee, die Limone schon früh zu einem beliebten Ziel für Urlaubsgäste machte. Jedenfalls ist Limone heute ein Refugium voller Nostalgie mit den engen Gassen in der **1 historischen Fußgängerzone** rund um den Hafen und mit den berühmten Zitronengärten, die sich weiter oben am Hang ausbreiten. Ob es nun die Limonen sind oder der alte Begriff Limes, der für eine ehemalige Grenze stand, der für den Namen des Ortes verantwortlich war, das weiß man heute nicht genau. Für Radsportler war Limone eigentlich nur bedingt interessant, weil die Platzverhältnisse sehr eng sind und die Hauptstraße Gardesana am Westufer wegen des Verkehrs und der vielen Tunnels überhaupt nicht empfehlenswert ist. Eine Ausnahme sind die Mountainbiker, die die alte Militärstraße hinauf zum Tremalzo auf dem Plan haben.

Enge Gassen im Zentrum von Limone

Seit kurzem interessieren sich jedoch mehr Radsportler für Limone. Der neue Radweg am Nordrand der Stadt sorgte für Schlagzeilen. Das liegt vor allem an der außergewöhnlichen Bauweise auf Stützen direkt über dem Seeufer, die einem das Gefühl verleihet, direkt über dem Wasser zu fahren. Dieser Abschnitt ist ein prominenter Teil des großen Projekts des Radwegs rund um den Gardasee. Gerade in diesem Bereich am Westufer ist es mit der Radtour rund um den See nicht einfach, weil sehr oft der Platz fehlt und nur ein schmaler Streifen zur Verfügung steht, der meist von der Gardesana eingenommen wird. Der Radweg ist zu einer echten Sehenswürdigkeit geworden. Er lässt sich auch zu einer überschaubaren Tour verbinden, wenn man anschließend eine Runde um den Ort Limone dreht. Also eine klassische Sightseeing-Tour.

Weitere Informationen über den Ort finden Sie im **Ortsporträt Limone** (siehe S. 94).

Vom Parkplatz am Busbahnhof fahren wir zuerst ein kurzes Stück Richtung Hafen auf dem breiten Pflaster-

weg, bis dann die ersten Schilder auftauchen, wonach Radfahrer ihr Fahrzeug im Zentrum schieben müssen. Das ist am Anfang schwer verständlich, weil es sehr breit und offen ist, aber später in den engen Gassen ist das durchaus vernünftig. Also schiebt man sein Rad gemütlich Richtung Altem Hafen.

Im oberen Bereich von Limone hat man guten Seeblick

Dieser Bereich ist auch das Herzstück von Limone mit seinen vielen kleinen Lokalen und Geschäften. Zum Radfahren ist es wirklich zu eng, und zu Fuß entdeckt man auch mehr. Zum Beispiel das kleine 2 **Museo del Turismo** am Rand der Piazza Garibaldi, wo man in historischem Gemäuer viel über die Entwicklung dieses charmanten kleinen Ortes erfährt – übrigens auch über das Apoliprotein A1-Milano, das ja für die hohe Lebenserwartung der Menschen in Limone verantwortlich sein soll.

*Weiter geht es dann durch einige enge Gassen und schließlich leicht bergauf bis zum Ortsrand. Zwischendurch schlängelt sich der Weg durch die Häuser, macht einige verwinkelte Kurven, wo man auf Gegenverkehr achten sollte. Am Ende der Bergaufpassage erreicht man schließlich die Hauptstraße, die Gardesana (**Wegepunkt** ❶). Das ist nicht weiter schlimm, denn einige*

Reisemobilstellplätze an oder nahe der Route

Camping Park Garda,
Via IV Novembre10,
Limone sul Garda

Camping Nanzel,
Via IV Novembre 3,
Limone sul Garda

E-Bike Ladestationen an oder nahe der Route

Parkplatz
Lungolago Marconi

Los geht es mitten in Limone

Meter weiter vorne sieht man den Beginn des neuen Radwegs kurz nach dem Hotel Capo Reamol. Dort geht es nun auf dem schönen breiten Radweg nach Norden, den auch Fußgänger gerne nutzen.

Links neben der Hauptstraße ragen die Felswände senkrecht in die Höhe und rechts blickt man direkt auf das Wasser und kann sich mit etwas Fantasie wie jemand fühlen, der mit dem Fahrrad über den Gardasee schwebt. Gute zwei Kilometer ist der 3 **neue Radweg** lang und endet schließlich an der Grenze zwischen den beiden Regionen Lombardei und Trentino. Offiziell soll die deutlich längere Lücke bis nach Riva bis 2026 geschlossen sein – als Teil des Projekts „Garda by Bike".

Man könnte auch weiter Richtung Riva fahren, doch dazu muss man auf die Gardesana wechseln. Und da lauern unterwegs noch einige Tunnel.

*Auf unserer Tour drehen wir um und fahren nach Limone zurück. Im Linksbogen biegen wir rechts ab in die Via Antonio Moro (**Wegepunkt 2**), halten uns rechts, fahren ein kurzes Stück auf der Hauptstraße und die nächste Straße erneut rechts (Via Milanese).*

Vorher bietet sich noch ein Abstecher zu einer sehr typischen Sehenswürdigkeit von Limone an. Die 4 **Limonaia del Castel** in der Via Orti, 9, ist nicht nur ein klassischer Zitronengarten mit langer Historie. Nach-

Der neue Radweg ist ein spektakulärer Blickfang

dem die Gemeinde diesen Zitronengarten 1995 erworben hatte, wurde er wieder in seinen Originalzustand versetzt, viele Zitronenpflanzen angelegt und so ein anschauliches Exemplar für diese außergewöhnliche Historie von Limone geschaffen. Geöffnet ist die Limonaia von April bis Ende Oktober jeden Tag. Es werden auch Führungen angeboten.

*Die Straße Via Milanese führt nun am Ortsrand entlang vorbei an den steilen Hängen zur rechten auf etwa einem Kilometer bis zum Milanesa Wasserfall, dem höchsten Punkt der Runde. Dort biegen wir links ab (**Wegepunkt ❸**) und radeln dann bergab auf der Via Mulino wieder zurück Richtung Limone. Nach rund 250 Metern biegt man scharf rechts ab in die Via Fol und fährt über die Via Campaldo und links Via San Pietro schließlich scharf links (**Wegepunkt ❹**) auf der Via Tovo vorbei am Sportzentrum hinunter Richtung Seeufer. Ein kurzes Stück nach links auf der Hauptstraße (**Wegepunkt ❺**), dann geht es rechts weiter in die Via Lungolago Guglielmo Marconi, die mit zwei scharfen Kurven schließlich direkt zum Seeufer und wieder zum großen Parkplatz beim Busbahnhof führt.*

Eine kleine Rundreise, die die weniger bekannten Seiten von Limone zeigt und das mit schönen Aussichten auf den See verbindet.

Orts-porträt

LIMONE

WO NICHT NUR ZITRONEN BLÜHEN

Das kleine Dorf Limone am Nordwestufer des Gardasees sorgte immer wieder für Schlagzeilen. Positive Schlagzeilen in der Regel wie zum Beispiel der spektakuläre neue Radweg nördlich des Ortes. Dieser zwei Kilometer lange Radweg ist praktisch auf Stelzen gebaut und vermittelt das Gefühl, dass man direkt über dem Wasser des Gardasees schweben würde. Er ist Bestandteil des Projekts, bei dem bis zum Jahr 2026 ein kompletter Radweg rund um den Gardasee fertig gestellt sein soll.

Limone ist einer der beliebtesten Orte des Gardasees und er ist ein typischer Ferienort, denn er bietet genauso wie etwa Malcesine nur sehr begrenzte Platzverhältnisse und dabei ein **historisches Zentrum** mit charmanten und malerischen kleinen Gassen. Auch in Limone liegt das historische Zentrum in sanfter Hanglage direkt am Seeufer. Der Name Limone wird zwangsläufig oft mit den Limonen in Verbindung gebracht, was aber nur eine These für die Namensfindung ist. Es wird aber auch vermutet, dass es mit dem lateinischen Wort Limes zu tun haben kann, weil hier einst die

Blick über das Zentrum und den Hafen von Limone

Grenze zwischen Österreich-Ungarn und Italien verlief. Jedenfalls sind die Zitronen ein omnipräsentes Symbol für den Ort geworden, genauso wie die **Zitronengärten** in den höheren Hanglagen. Einer der schönsten Gärten liegt nordwestlich der Altstadt am Fuße des Mughéra. Der Zitronengarten des Castèl ist eine Plantage, die Anfang des 17. Jahrhunderts angelegt wurde und zu der heute auch ein didaktisches Museum gehört.

Sehenswert ist Limone natürlich auch weiter unten am Ufer. Im Südbereich gibt es viel Platz und breite Promenaden, während man nördlich des Hafens in

speck stube
"Al Castél"

Orts-porträt

enge und teils dunkle Gassen eintauchen kann. Aber das hat auch seinen nostalgischen Charme. Für Biketouren war Limone bislang nicht die erste Adresse. Es gibt zum einen nicht viele Tourenmöglichkeiten – die bekannteste ist die Verbindung in Richtung Tremalzo – und dann ist die Gardesana, die beliebte Küstenstraße, wegen ihrer vielen Tunnels auch nicht unbedingt empfehlenswert. Aber das kann sich in nächster Zukunft auch ändern. Gebaut wurde die Gardesana übrigens erst vor knapp 100 Jahren. Bis dahin war Limone sehr schwer über Pfade oder per Schiff erreichbar.

... in den Gassen von Limone

Typisch für Limone ist auch, dass der Ort in touristischer Hinsicht zweigeteilt ist. Unten im Uferbereich und rund um den Hafen ist das historische Limone mit Geschäften und Lokalen. Die meisten Hotels befinden sich oberhalb der Gardesana auf den Hängen, wo auch deutlich mehr Platz ist. Zur Hochsaison im Sommer kommen in den nur knapp über 1.000 Einwohner zählenden Ort durchschnittlich 10.000 Besucher.

Und zum Schluss noch eine allerdings schon etwas ältere Schlagzeile: Wissenschaftliche Untersuchungen ergaben vor Jahren, dass die Einheimischen im Blut das Molekül eines seltenen Proteins in sich tragen, das zahlreiche Erkrankungsrisiken senken würde, darunter vor allem Herz/Kreislauf Erkrankungen. Man lebt hier offensichtlich recht gesund.

Shopping auf italienisch

Die Burg von Malcesine ragt auf einem Hügel über die Altstadt

Tour 11 Länge 17 km

JEDE MENGE PANORAMA BEI MALCESINE

Dieser kleine Ausflug rund um Malcesine verwöhnt mit Uferpromenaden, Romantik und herrlichen Aussichten.

Malcesine ist ein Ort für die Surfer und Segler. Aber auch für Radfahrer gibt es hier interessante Möglichkeiten. Auf dieser 16 Kilometer langen Panoramarunde erlebt man all das, was rund um Malcesine einen Radfahrer glücklich machen kann. Herrliche Radwege am Seeufer entlang der Strände, ein Ausflug in die Altstadt und zum Abschluss eine Panoramarunde auf den Hügeln oberhalb des Ortes.

Wie komm ich hin?

Mit dem Auto: Brennerautobahn, Ausfahrt Rovereto Süd und weiter über Mori und Loppio nach Torbole, dort am Ufer südwärts bis Navene. Parkmöglichkeiten gibt es direkt beim Yachthafen.

Was erwartet mich?

17 km, 300 Höhenmehter, eine Rundtour praktisch durchweg auf Asphalt, entweder auf Radwegen oder auf Nebenstraßen. Entlang des Seeufers bis Malcesine flach, danach leichter Anstieg hinauf zu den Hügeln über Malcesine. Das geht auch mit einem Tourenrad mit passender Übersetzung sehr gut.

Was muss ich sehen?

1 **Historisches Zentrum** von Malcesine

2 **Scaliger Burg mit Goethe Museum** in Malcesine

Wo tank ich auf?

Trattoria da Nonna Pina, Via Bottura 16, Malcesine

Ristorante La Voglia, Via Val di Sogno 23, Malcesine

Kartentipp: **ADFC Regionalkarte Gardasee 1:50.000**

Tour 11

TOURSTART

Sie starten rund fünf Kilometer nördlich von Malcesine, in Navene, direkt am Seeufer.

In dem kleinen Ort Navene gibt es ein Strandbad und einen Yachthafen und direkt daneben auch Parkplätze. Dort beginnt die Tour auf dem schönen asphaltierten Radweg direkt am Seeufer. Ideal also zum Einfahren und zum Genießen, denn die Aussicht auf diesem Abschnitt ist traumhaft schön.

*So geht es auch weiter entlang der Gardesana, also im Prinzip zwischen der Küstenstraße und dem Seeufer, bis zum nächsten Vorort Campagnola (**Wegepunkt ❶**).*

Zwei schöne Badebuchten hat der kleine Ort, außerdem etliche Anbieter von Windsurfing- und Paragliderkursen sowie Exkursionen. Es geht hier schon recht sportlich zu.

In den engen Gassen mitten in Malcesine

Für uns bleibt es auf dem weiteren Weg noch recht gemütlich, wir fahren weiter am Seeufer entlang. Das Castello Scaligero, die mächtige Burg von Malcesine, rückt immer näher. Nach etwas mehr als vier Kilometern erreichen wir den Ortsrand von Malcesine und folgen der Straße am Ufer entlang bis zur Innenstadt.

Ein wenig Sightseeing darf schon sein. Dass **Malcesine** zu den beliebtesten Orten am Gardasee zählt, hat nicht nur mit der Lage direkt am See zu tun. Faszinierend ist vor allem das 1 **historische Zentrum**, in dem man besser zu Fuß bzw. mit geschobenem Rad unterwegs ist. Man kann in diesem historischen Labyrinth mit den vielen engen und verwinkelten Gassen leicht die Orientierung verlieren. Das ist nicht so schlimm, denn es gibt einen guten Orientierungspunkt. Das unübersehbare Wahrzeichen von Malcesine ist das 2 **Castello Scaligero**, die Scaligerburg. Zu ihr pilgern fast alle Urlauber, die hier in Malcesine Station machen. Besonders beliebt sind die Plätze rund

Reisemobilstellplätze an oder nahe der Route

Camping Campagnola, Via Gardesana 390, Malcesine

Campeggio Panorama, Vendemme, Cassone di Malcesine

E-Bike Ladestationen an oder nahe der Route

Giardini Pubblici, Malcesine

Strada Panoramica, Campiano

um die Festung, von denen man einen guten Blick auf den See hat. Die Burg selbst wurde in der aktuellen Form im 13. Jahrhundert von den Scaligern errichtet. Auch vorher standen dort Festungen, angeblich schon im 1. Jahrhundert unter der Regentschaft der Langobarden. In der Folgezeit wechselten aber oft die Besitzer und sie gehörte zwischendurch auch zu Österreich. Seit 2013 ist sie im Besitz der Gemeinde Malcesine. Palazzo Scaligero und Palazzo Veneziano gehören auch zu dem Komplex, der sehr verschachtelt und unübersichtlich wirkt. Als Goethe 1786 bei seiner Italienreise vorbei kam, zeichnet er vom See aus die stattliche Burg, wurde für einen Spion gehalten und kurzzeitig verhaftet. Vergangene Geschichten lassen sich in den schmalen Gassen gut nachvollziehen. Vor allem, wenn wenige Leute unterwegs sind, was zwar selten der Fall ist. Dann aber lebt die Geschichte zwischen den dunklen und schweren Mauern. Die [2] **Sala Goethe**, das Museum zu seinem Aufenthalt, befindet sich auch in dem Komplex des Castello. Heute bietet die Burg unter anderem ein eindrucksvolles Naturgeschichtliches Museum, in dem man Exponate mit allen Sinnen erleben kann und wo man Bildschirme auch riechen kann. Ein anderer Bereich auf der Ostseite wird im Sommer für Open Air Theater genutzt. Absolut sehenswert ist auch eine Besichtigung des 31 Meter hohen Turms, der grandiose Aussichten über den Ort und über den See bietet.

Weitere Informationen über den Ort finden Sie im **Ortsporträt Malcesine** (siehe S. 104).

*An der Piazza Statuto vor dem Rathaus, der zentralen Anlaufstelle am Centro Storico, kann man sich auf den etwas anspruchsvolleren Teil der Radtour einstellen. Wir fahren nun hinauf zum großen Kreisverkehr (**Wegepunkt ❷**), dort rechts in die Via Gardesana. Aber nur für wenige Meter, denn gleich biegt der Weg links ab in die Via Panoramica. Und der Name sagt schon alles. Nun fahren wir vorbei an Appartmenthäusern und Hotels bis zu einer scharfen Kehre. Danach schlängelt sich die Straße weiter nach oben, dann geht es kurz bis zu einer Rechtskurve ein wenig bergab. Für etwa 2,5 Kilometer fahren wir weiter mit einigen Kurven bergauf. Der höchste Punkt auf rund 370 Metern Höhe ist kurz vor der Seilbahn hinauf zum Monte Baldo erreicht. Unter dieser fahren wir hindurch (**Wegepunkt ❸**).*

Ganz oben auf dem Monte Baldo wirkt der See fast winzig

Unterwegs eröffnen sich geniale Aussichten auf Malcesine mit dem markanten Turm der Burg und dem ganzen nördlichen Gardasee.

*Der Rest der Runde um Malcesine bleibt bequem, bis zur Gardesana geht es dann mit einigen Kurven und Kehren stetig bergab, bis man rechts über die Via Navene Vecchia (**Wegepunkt ❹**) wieder nördlich von Malcesine direkt am See ankommt. Dort geht es ein kurzes Stück links Richtung Malcesine und dann rechts (**Wegepunkt ❶**) auf den Radweg Richtung Norden. Der Weg zurück zum Ausgangsort misst kaum mehr als einen Kilometer und verläuft wie bei der Hinfahrt auf diesem Radweg direkt am Ufer.*

Unterwegs bieten sich zahlreiche Badestrände für eine Pause an und Einkehrmöglichkeiten gibt es sowieso genug rund um Malcesine.

Eine Attraktion von Malcesine darf man nicht vergessen, da wir auf dieser Tour direkten Kontakt damit haben. Und das ist die **Seilbahn von Malcesine** hinauf zum **Monte Baldo**, dem berühmtesten und auch größten und weitläufigsten Berg rund um den Gardasee. Die Seilbahn führt hinauf in zwei Sektionen bis auf 1.760 Meter Höhe zur Station Tratto Spino. Die Fahrt hinauf ist besonders beliebt bei Wanderern, Mountainbikern und auch Gleitschirmfliegern, die hier Dank der Höhendifferenz und leichten Erreichbarkeit sehr gute Voraussetzungen haben. Einen konkreten Hauptgipfel hat der Monte Baldo nicht, dafür aber mehrere verteilte Gipfel mit Höhen bis zu 2.200 Metern.

Orts-porträt

MALCESINE

Direkt zu Füßen des Monte Baldo am nordwestlichen Ufer des Gardasees liegt die kleine Ortschaft Malcesine. Mit gerade mal 3600 Einwohnern zählt sie nicht zu den ganz großen Orten am See, ist aber in touristischer Sicht ganz vorne mit dabei.

AUCH GOETHE WAR SCHON DA

Wer nach Malcesine reist, kann sich kaum verfahren, denn der mächtige Turm des **Castello Scaligero** ist unübersehbar und schon von weitem eine perfekte Orientierung. Typisch für Malcesine ist die leichte Hanglage hinunter zum Seeufer ebenso wie ein dicht gedrängtes Netz an Gassen und Plätzen im **historischen Zentrum**. Dort sind auch viele Besucher unterwegs, die entweder auf dem Weg vom oder zum Hafen sind oder sich einen Besuch der Skaligerburg gönnen. Diese Burg steht, was von weitem kaum erkennbar ist, auf einer Anhöhe direkt über dem Hafen. Diese

Blick auf die Burg mit Altstadt in Malcesine

exponierte Lage war wohl auch der Grund dafür, dass hier bereits zur Bronzezeit Menschen siedelten und an dieser Stelle einen sicheren Platz suchten. Die Festung geht auf das sechste Jahrhundert zurück, als die Langobarden hier eine Wehranlage gebaut hatten. Ab dem späten 13. Jahrhundert regierten die Scaliger in Malcesine. In dieser Zeit wurde eine erste Festung gebaut, die der Ursprung der heutigen Burg ist. Der Weg zur Burg führt durch ein regelrechtes Labyrinth an engen Gassen und Innenhöfen, was aber auch sehr unterhaltsam und eindrucksvoll sein kann, da sich hier viele kleine Geschäfte und Lokale eingerichtet haben. Die Burg selbst ist ein relativ unübersichtlicher Komplex mit mehreren Innenhöfen, einem Zwinger und einem Bergfried. Nicht weit entfernt ist der prachtvolle **Palazzo dei Capitani** aus dem 13. Jahrhundert, einstiger Sitz der herrschenden Scaliger und heute öffentlich zugänglicher Schauplatz von Veranstaltungen und Konzerten. Als Goethe im September 1786 Malcesine besuchte, wollte er von der Burg eine Zeichnung anfertigen und wurde deshalb von den Einheimischen der Spionage verdächtigt. Mit Mühe gelang es ihm, diese Verdächtigungen zu entkräften. Danach machte er sich auf den Weg weiter nach Bardolino.

Die Seilbahn von Malcesine zum Monte Baldo

Eine weitere wichtige Attraktion von Malcesine ist der **Monte Baldo**. Das mächtige Bergmassiv thront mit all seinen Ausläufern direkt über Malcesine. Er hat keinen souveränen Gipfel sondern mehrere Spitzen, die maximal 2218 Meter hoch sind. Das tut seiner Attraktivität keinen Abbruch. Von Malcesine aus kann man mit der **Seilbahn** bis auf 1760 Meter Höhe fahren. Das nutzen nicht nur Wanderer sondern auch Biker und Gleitschirmflieger. Berühmt ist der Berg auch in anderer Hinsicht. Seine Pflanzenwelt und da vor allem die Blumenvorkommen gelten als ziemlich einzigartig.

Malcesine ist aber auch, wie soll es am Gardasee anders sein, eine Sportmetropole. Vor allem Surfer und Segler sind hier zuhause, was man allein schon an den zahlreichen Schulen und Geschäften entlang der Gardesana nachvollziehen kann. Und für Biker gibt es rund um den Monte Baldo und entlang des Seeufers ebenfalls gute Optionen. Außerdem spart man sich mit dem Bike das lästige Parkplatzsuchen im Zentrum.

Begehrt sind vor allem die Plätze am Seeufer

Der Radweg von Malcesine Richtung Brenzone

Tour 12 Länge 17 km

AUF ZWEI RÄDERN ENTSPANNT AM SEEUFERS ENTLANG

Rundtour von Malcesine – der Sonne entgegen – nach Brenzone und zurück

Die Ostküste des Gardasees ist zweifellos die schönere Seite für entspannte Radtouren am Seeufer. Hier ist es durchweg flach und die Radwege führen meist am Seeufer entlang, das hier gut zugänglich ist. Der relativ neue Radweg hält sich fast durchweg am Ufer, bietet viele Möglichkeiten für Pausen und Strandbesuche und hat auch einige kurze kurvige Passagen.

Wie komm ich hin?

Mit dem Auto: Brennerautobahn, Ausfahrt Rovereto Süd und weiter über Mori und Loppio nach Torbole, dort am Ufer südwärts bis Malcesine. Parken kann man relativ zentral in der Piazza Statuto oder östlich der Gardesana im Parkhaus in der Via Scuisse.

Was muss ich sehen?

1 **Historisches Zentrum** von Malcesine
2 **Scaliger Burg und Goethe Museum** in Malcesine
3 **Val di Sogno**, Malcesine
4 **Geisterdorf Campo**

Wo tank ich auf?

Trattoria da Nonna Pina, Via Bottura 16, Malcesine
Ristorante La Voglia, Via Val di Sogno 23, Malcesine
Ristorante Giuly, Via XX Settembre 34, Brenzone sul Garda

Was erwartet mich?

17 km, 20 Höhenmeter, Rundtour (identischer Hin- und Rückweg) durchweg auf flachem Gelände und fast immer auf asphaltierten Wegen. Aber Achtung: zur Hochsaison relativ viel Verkehr und auch zahlreiche Fußgänger unterwegs. Vor allem bei kurvigen Passagen entlang der kleinen Häfen sollte man vorsichtig radeln.

Kartentipp: **ADFC Regionalkarte Gardasee 1:50.000**

Tour 12

TOURSTART

Sie starten diese Tour am Hafen in Malcesine.

Der kleine **nostalgische Ort** am Ostufer mit seinem 1 **historischen Zentrum** gehört zu den beliebtesten Zielen der Gardasee-Besucher und da vor allem der Surfer und Segler, da hier exzellente Windverhältnisse vorherrschen. Aber auch Radfahrer finden hier schöne Touren.

Unterwegs locken kleine Bars direkt am See

Wer in Malcesine Radtouren unternehmen will, hat im Prinzip zwei Möglichkeiten. Entweder am See entlang oder bergauf. Unsere Tour führt am See entlang Richtung Süden bis Brenzone. Es gibt auch einen Radweg Richtung Torbole, der aber wenige Kilometer nach Malcesine endet. Man müsste dann auf der Gardesana mit einigen Tunnels weiterfahren.

Malcesine selbst ist natürlich einen Besuch wert. Da sind die **romantischen engen Gassen** mit Kopfsteinpflaster, die sich Richtung Seeufer deutlich abwärts bewegen und mit etlichen Kurven und Winkeln auch hinauf zur 2 **Burg der Scaliger** und zum Palazzo dei Capitani führen. Vor allem die Burg ist wegen ihrer exponierten Lage und der aussichtsreichen Plätze entlang der Mauer ein beliebtes Fotomotiv. Übrigens war auch Johann Wolfgang von Goethe bei seiner Italienreise 1786 kurz in Malcesine, wurde aber wegen Spionageverdacht festgenommen, als er die mächtige Burg zeichnete. Heute gibt es ein 2 **Goethe Museum** in der ehemaligen Pulverkammer der Burg sowie ein modern ausgestattetes **Naturgeschichtliches Museum** im Burgkomplex. Herrliche Aussichten genießt man vom 31 Meter hohen Turm der Burg. Und noch kurz zu einer weiteren Sehenswürdigkeit. Von Malcesine aus kann man mit der Seilbahn hinauf zum **Monte Baldo** fahren – und zwar zum 1.760 Meter hohen **Tratto Pino**. Das tun nicht nur Wanderer gern, sondern auch zahlreiche Mountainbiker, die dort zu Touren starten und vor allem gerne bergab sausen.

Tour 12

Die Isola del Sogno, die Trauminsel südlich von Malcesine

Weitere Informationen über den Ort finden Sie im **Ortsporträt Malcesine** (siehe S. 104).

*Vom Hafen aus ist es sinnvoll, die ersten Meter hinauf bis zur Piazza Statuto vor dem Rathaus zu schieben. Im Sommer sind hier sehr viele Fußgänger unterwegs und es ist ziemlich unübersichtlich. Oben bei der Piazza geht es rechts weiter in die Viale Roma nach Süden. Nach wenigen hundert Metern noch im Ortsgebiet biegt rechts der Weg ab (**Wegepunkt ❶**) Richtung Lungolago, also zum Seeuferweg. Nun folgt man längere Zeit dem Radweg vorbei an einem Yachthafen und dem Hotel Excelsor Bay. Auf der rechten Seite sieht man die kleine und dicht bewachsene Insel (Isola) dell`Olivo. Nach einem kurzen Abschnitt auf der Via Gardesana (**Wegepunkt ❷**), biegen wir wieder rechts ab und erreichen das Val di Sogno mit einer schönen Bucht und verlockenden Badestränden.*

3 Val di Sogno zählt zu den schönsten Badestränden am Gardasee. Die herrliche **Bucht** und die weitläufigen **Strände** begeistern Badegäste wie auch Segler und Surfer, die hier exzellente Bedingungen vorfinden. Direkt vorgelagert an der Spitze ist die kleine **Isola del Sogno**, die Trauminsel, die nur wenige Meter vom Festland entfernt und bei Niedrigwasser auch zu Fuß erreichbar ist.

Zahlreiche Hotels säumen den weiteren Weg, der nur wenige Meter neben der dicht befahrenen Via Gardesana verläuft. Für einen guten Kilometer radelt man direkt neben der Gardesana und erreicht bald die kleine Ortschaft Cassone.

Das Dorf hat mehrere Campingplätze und etliche Hotels und Ristoranti. Sehenswert ist die alte **Kirche**

Kleine Häfen wie hier in Cassone schmiegen sich an die historischen Bauten

etwas oberhalb, die einst der Maler **Gustav Klimt** in einem Werk verewigte.

Weiter geht die Fahrt an einigen Badestränden entlang. Schon von weitem erkennt man einige hundert Meter vom Ufer entfernt die **Isola Trimelone**, die drittgrößte Insel im Gardasee. Während des Zweiten Weltkriegs wurde die Insel militärisch genutzt. Benito Mussolini hatte 1945 hier einen seiner letzten Auftritte.

Keine klassische Sehenswürdigkeit, die unbewohnte Isola del Trimelone

Heute ist die Insel nicht nur unbewohnt, es ist auch strengstens verboten, sich ihr zu nähern, da dort immer noch Munitionsreste und Minen herumliegen.

Wesentlich friedlicher verläuft unsere Radtour, die nun nach zwei großen Campingplätzen eine leichte Linkskehre macht und wieder am Ufer entlang direkt Richtung Süden verläuft, zahlreiche Hotels und Badestrände passiert und schließlich Brenzone erreicht.

Eigentlich ist Brenzone kein Ort, sondern ein Zusammenschluss von mehreren kleinen Dörfern. Dazu gehören Castello, Castelletto, Marniga und Prada.

Unser Zwischenziel ist aber der kleine Ort Magugnano mit seinem sehr beschaulichen Hafen.

Das kleine und recht gemütliche Dorf schmiegt sich an den schmalen Landstreifen zwischen See und der

Gardesana Straße mit einigen wenigen Gassen. Landleben auf Gardasee Art.

Man könnte auch noch einen kleinen Ausflug zu kulturell bedeutenden Sehenswürdigkeiten machen. Dazu müsste man einige Minuten weiter auf der Gardesana Richtung Süden bis **Castelletto** fahren. Dort gibt es ein **Kloster**, in dem der Orden der Kleinen Schwestern von der heiligen Familie residiert. Direkt daneben steht die **Pfarrkirche**, die dem heiligen Carlo Borromeo gewidmet ist. Beide Gebäude befinden sich mitten im Ort, nur wenige Meter hinter der Gardesana Straße.

Reizvoll wäre auch ein Spaziergang von Magugnano auf einem Forstweg durch den Wald hinauf zum 4 **Geisterdorf Campo**. Ein tatsächlich verlassenes kleines Bergdorf, dem eine geradezu mystische Romantik zueigen ist. Es gibt aktuell Initiativen, wieder mehr Leben in diese leere einsame Siedlung zu bringen.

Reisemobilstellplätze an oder nahe der Route

Camping Campagnola, Via Gardesana 390, Malcesine
Campeggio Panorama, Vendemme, Cassone di Malcesine
Camping Baldo, Via Benaco 8, Brenzone sul Garda

E-Bike Ladestationen an oder nahe der Route

Giardini Pubblici, Malcesine
Strada Panoramica, Campiano

Etwas oberhalb des Radwegs versteckt sich das verlassene Bergdorf Campo

Für die Rückfahrt nach Malcesine ist es naheliegend, wieder mit dem Rad auf demselben Weg zu fahren. Schiffsverbindungen von Brenzone/Castelletto nach Malcesine gibt es nur wenige.

Unterwegs im Tal der Mühlen bei Garda

Tour 13

Länge 13 km

DURCH DAS TAL DER MÜHLEN

Eine echte Entdeckertour von Garda hinauf zu den Hügeln oberhalb des Sees

Weg vom See und rauf auf die Hügel. So kann man diese relativ kurze Rundfahrt beschreiben. Aber sie bietet noch vielmehr, denn man fährt durch das malerische aber auch recht rustikale Tal der Mühlen. Von Garda durch das Valle dei Mulini hinauf nach Costermano. Die kurzen anstrengenden Passagen zwischendurch werden mit schönen Aussichten und purer italienischer Idylle belohnt.

Was erwartet mich?

13 km, 200 Höhenmeter, Rundtour auf einigen Schotterpassagen mit kurzen Anstiegen und asphaltierten Nebenstraßen. Zurück nach Garda geht es bergab mit schönen Aussichten.

Wie komm ich hin?

Mit dem Auto: Brennerautobahn, Ausfahrt Affi, weiter Richtung Garda. Parkmöglichkeiten gibt es direkt am Nordrand von Garda an der Gardesana gegenüber der Schiffsanlegestelle.

Was muss ich sehen?

1 **Historisches Zentrum** von Garda
2 **Tal der Mühlen**
3 **Dorfzentrum San Verolo**

Wo tank ich auf?

Osteria al Porto,
Regina Adelaide 48, Garda
Trattoria Molini,
Via Valtesina 21, Garda
Locanda San Verolo,
San Verolo 1, Costermano

Kartentipp: **ADFC Regionalkarte Gardasee 1:50.000**

Tour 13

TOURSTART

Für diese ebenso naturverbundene wie geschichtsträchtige Tour starten wir mitten im historischen Zentrum von Garda direkt beim Hafen.

Die Ortschaft **Garda** gehört zu den beliebtesten Urlaubsdestinationen am See. Und sie ist auch der Namensgeber, was wohl mit ihrer langen Geschichte zu tun hat. Denn hier hatte schon Theoderich im fünften Jahrhundert eine Burg, die hoch über dem Ort thronte. Auch Kaiser Barbarossa hatte sich schon mal auf den Weg gemacht, um Garda zu erobern, was ihm aber nicht gelang. Ihrer langen Historie verdankt Garda auch ihr wirklich schönes **1 Zentrum** mit vielen historischen Häusern, kleinen, gemütlichen Gassen mit Kopfsteinpflastern und den entsprechenden Geschäften und Lokalen, wie man sie an den bekannten Urlaubsorten am Gardasee üblicherweise findet. Besonders schön ist in Garda die breite lange **Strandpromenade**. Für Radfahrer ist der Ort durchaus reizvoll, weil man sich so das mühsame Suchen von Parkplätzen sparen kann, und das ist in Garda besonders anspruchsvoll.

Eine kurze, aber intensive Runde verspricht dieser Ausflug von Garda hinauf zu den Hügeln rund um Costermano. Intensiv ist vor allem die Fahrt durch das romantische Tal der Mühlen zwischen Garda und Costermano. Das **2 Valle dei Mulini** zählt zu den bedeutendsten Naturoasen am Ostufer des Gardasees und ist heute ein Schutzgebiet für besondere Tier- und Pflanzenarten. Unterwegs begegnet man den Relikten der alten Mühlen, deren Geschichte bis ins Mittelalter zurück reicht.

*Vom Hafen aus geht es zuerst durch die engen Gassen der Altstadt, wo man je nach Verkehrslage und Frequenz der Passanten auch mal schieben sollte, bis zur Gardesana, der Hauptstraße, die direkt durch den Ort führt. Wir fahren ein kurzes Stück rechts (**Wegepunkt** ❶), um dann am Kreisel links in die Strada Provinciale 8*

Start ist am Hafen in Garda

*einzubiegen, die sanft bergauf Richtung Osten verläuft. Wir fahren auf der Straße etwa zwei Kilometer bis zu einer Abzweigung links (**Wegepunkt** ❷), die auch entsprechend beschildert ist, ins Tal der Mühlen, ins Valle dei Mulini. Anfangs führt dieser relativ breite Weg, der zuerst auch asphaltiert ist, noch recht sanft ansteigend in die Natur hinein. Es wird allmählich aber immer schmaler und immer steiler. Bald befindet man sich auf einem relativ steinigen Weg, der zwischendurch mit einigen steilen und holprigen Passagen für Abwechslung sorgt.*

Entlang des Weges tauchen immer wieder alte, historische Gebäude auf, die früher als **Mühlen** genutzt worden sind. Wir fahren ja auch an einem recht quirligen Bachlauf entlang, der mit einigen Stufen recht flott talwärts fließt und der früher die Mühlräder angetrieben hat.

Einige enge Kurven kommen noch durch den Wald, dann erreicht man nach rund vier Kilometern das Ende dieses Weges.

Hier oben in der Gegend rund um Costermano kann man nicht nur gemütlich von Dorf zu Dorf radeln, man

Unterwegs in Costermano

hat zwischendurch auch immer einen schönen Blick hinunter zum See.

*An der Kreuzung am Ende der Via Valle die Mulini (**Wegepunkt ❸**) biegen wir rechts ab, dann gleich wieder links und gelangen mit einem weiteren Abbiegen nach*

Reisemobilstellplätze an oder nahe der Route

Parcheggio dei Tigli, Via Cristoforo Colombo, Garda

Parcheggio Via Preite, Via Carmelo Preite, Garda

E-Bike Ladestationen an oder nahe der Route

Lungolago Regina Adelaide 2, Garda

links auf einen relativ neuen Radweg. Dieser Radweg führt ziemlich flach Richtung Norden an der Hauptstraße entlang bis nach San Verolo.

Ein beschauliches kleines Dorf mit einem **3 historischen Zentrum** etwas abseits des Trubels. Man kann vom Radweg auf die andere Seite wechseln und kommt dann direkt zur Locanda San Verolo, einem stilvollen Ristorante, in dem man auch Quartier nehmen und sehr gediegen Pause machen kann.

*Unsere Tour führt dann in das sympathische verschlafene Dorf hinein an sehr alten Häusern und eleganten Villen vorbei bis zu einer Straße, die (rechts, **Wegepunkt 4**) nach Süden Richtung Costa führt. Wir folgen dabei der Beschilderung nach Costermano sul Garda, kommen dann rechts auf einen Radweg (**Wegepunkt 5**), der zunächst etwas steinig bergab führt und dann wieder zu dem Radweg kommt, auf dem wir nach San Verolo gefahren sind. Nun geht es links nach Costermano mit einigen leichten Kurven, aber weitgehend flach.*

Costermano ist eine verstreute Siedlung, deren Zentrum auf den ersten Blick schwer auszumachen ist. Reizvoll ist Costermano wegen seiner **Panoramalage** oberhalb des Sees und seiner eher ruhigen und ländlichen Idylle. Bekannt ist der kleine Ort für seinen Golfclub und für ein Reitzentrum.

Der Weg führt nun vorbei an der mächtigen Kirche San Antonio Abate und durch eine schöne Straße mit historischen Fassaden, bis man in einem Linksbogen die SP8 erreicht, links abbiegt und über die zweite Straße rechts an einem deutschen Soldatenfriedhof vorbei kommt.

Auf dem Friedhof sind rund 20.000 Gefallene des Zweiten Weltkriegs bestattet. Dort finden auch regelmäßig Gottesdienste statt. Von unserer Strecke aus sieht man kaum etwas davon.

Die alte Kirche in San Verolo

*In der Linkskurve biegen wir rechts ab (**Wegepunkt** ❻). Nun geht es auf dem Radweg südwärts, dann mit einem weiteren Rechtsbogen Richtung See nach Westen und recht kurvenreich bergab, wobei es zu einem schmalen Rad- und Wanderweg wird und dann ein Wohngebiet streift und schließlich geradewegs an den Ortsrand von Garda kommt. Nun sind wir wieder auf breiten asphaltierten Straßen, fahren an Wohnblöcken und Gewerbegebäuden vorbei, bis wir schließlich in der Via San Bernardo direkt geradeaus Richtung Zentrum radeln. Nach einer Linkskurve (**Wegepunkt** ❼) haben wir die Gardesana wieder erreicht und biegen rechts ab. Auf der linken Seite befindet sich die Strandpromenade von Garda sowie unser Ausgangspunkt – der Hafen.*

Zwischenstopp in
Caprino Veronese

Tour 14 Länge 42 km

EINE WALLFAHRT AUF ZWEI RÄDERN

Eine Rundtour von Garda zur berühmten Madonna della Corona und zurück

Eine etwas andere Gardasee Radtour vom Seeufer in Garda hinauf zu ruhigen Bergdörfern zu Füßen des Monte Baldo und zu der berühmten und außergewöhnlich gelegenen Wallfahrtskirche Madonna della Corona. Eine ausgiebige und abwechslungsreiche Tour auf Nebenstraßen von Dorf zu Dorf mit stolzen 900 Höhenmetern, die zurück schöne Abfahrten garantiert.

Wie komm ich hin?

Mit dem Auto: Brennerautobahn, Ausfahrt Affi, weiter Richtung Garda. Parkmöglichkeiten gibt es direkt am Nordrand von Garda an der Gardesana gegenüber der Schiffsanlegestelle.

Was erwartet mich?

42 km, 850 Höhenmeter, die Rundtour (identischer Hin- und Rückweg) führt zuerst einige Kilometer bergauf auf asphaltierten Nebenstraßen, dann flach über eine Hochebene bis Caprino Veronese. Auf den nächsten zehn Kilometern folgen einige Kurven und mäßig steile Bergaufstrecken. Hinter Spiazzi beginnt der kurvenreiche Fußweg zur Wallfahrtskirche.

Was muss ich sehen?

1. **Historisches Zentrum und Hafen von Garda**
2. **Zentrum von Caprino Veronese**
3. **Wallfahrtskirche Madonna della Corona**

Wo tank ich auf?

Pizzeria Doppio Zero Caprino, Via Alcide de Gasperi 4, Caprino Veronese
La Tavernetta del Baldo, Via Centro 13, Spiazzi
Locanda Tre Vie, Via Tre Vie, Spiazzi

Kartentipp: **ADFC Regionalkarte Gardasee 1:50.000**

Tour 14

TOURSTART

Unser Start ist in Garda am Hafen, dem zentralen Punkt des Ortes.

*Vom Hafen in Garda können wir uns einen kleinen Umweg durch das gemütliche historische Zentrum gönnen, fahren dann am Seeufer entlang nach Süden vorbei an den Caffè Bars und Geschäften und biegen dann links ab (**Wegepunkt ❶**) zur Hauptstraße.*

Die Ortschaft **Garda** gehört zu den beliebtesten Urlaubsdestinationen am See. Der langen Historie von Kaiser Barbarossa verdankt Garda auch sein wirklich schönes **1 Zentrum** mit vielen historischen Häusern, kleinen, gemütlichen Gassen mit Kopfsteinpflaster und den entsprechenden Geschäften und Lokalen, wie man sie an den bekannten Urlaubsorten am Gardasee üblicherweise findet. Besonders schön ist in Garda die breite lange **Strandpromenade**.

*Wir passieren die Gardesana bei der Kirche Santa Maria Assunta und folgen geradeaus der Via San Bernardo. Nun geht es für längere Zeit mit insgesamt knapp drei Kilometern sanft bergauf. Dabei verläuft der Weg für ein längeres Stück am Ortsrand entlang nahe einem größeren Waldstück. Kurz nach der Residenz Corte del Bosco (**Wegepunkt ❷**) biegen wir links ab auf einen Radweg und fahren durch den Wald bis zur Strada dei Risotti beim Ristorante La Dacia. ACHTUNG: Direkt beim Restaurant an der Weggabelung fahren wir links (Localita Bondi, **Wegepunkt ❸**). Nun wird der Weg etwas flacher und führt über die Wiesen Richtung Nordosten. Wir queren die Straße zwischen Costermano und Albaré (**Wegepunkt ❹**) und fahren – bis auf zwei kleine Schlenker (**Wegepunkt ❺ + ❻**) ziemlich geradeaus. Nach knapp fünf Kilometern über die weitgehend flache Hochebene mit Weingärten und Olivenhainen erreicht man die kleine Ortschaft Caprino Veronese.*

Hier lohnt sich ein kleiner Zwischenstopp, denn nach insgesamt knapp zehn Kilometern mit 250 Höhenmetern hat man sich eine Pause mit einem Espresso oder Cappuccino mehr als verdient. Dazu gibt es im **2 Zentrum** neben der mächtigen **Kirche Santa Maria Maggiore** auch einige Caffè Bars. Ein Schmuckstück ist auch die prachtvolle **Villa Carlotti,** die wenige Meter weiter nördlich steht und in der das Rathaus der Kleinstadt untergebracht ist. Hier verlief bis zum Jahr 1959 eine Bahnlinie

Noch ein Caffè
bevor es bergauf geht?

zwischen Verona und Garda, über die man heute wahrscheinlich sehr froh wäre. Caprino ist auch ein beliebter Ausgangspunkt für Ausflüge zum **Monte Baldo Massiv**, das direkt nördlich angrenzt. Und es ist ein gutes Revier für Radler, vor allem auch einheimische Rennradler, die die Straßen auf der Hochebene lieben.

*Die Fahrt geht nun weiter Richtung Nordosten, verlässt Caprino Veronese nach rechts auf der SP8 (**Wegepunkt ❼**) und führt mit einigen Kurven und wieder mehr bergauf weiter bis Vezzane. Interessant ist, dass diese Straße, die wochentags relativ wenig Verkehr hat, den Namen von Enzo Ferrari trägt. Nach Vezzane wird es alpiner. Einige enge Kurven und nachhaltige Steigungen sind nun zu absolvieren. Aber mit dem E-Bike kein Problem. Die letzten fünf Kilometer wird es nicht langweilig. Einige Kurven und Höhenmeter durch das dichtgewachsene Terrain folgen, bis schließlich das Dorf Spiazzi erreicht wird.*

Recht beschaulich schaut Spiazzi auf den ersten Blick aus. Wir sind nun auf rund 770 Metern Höhe, haben also vom See aus rund 700 Höhenmeter absolviert. Von hier starten Wallfahrer direkt zur berühmten **Kirche Madonna della Corona**. Auch Radfahrer, die entweder mit dem Rennrad auf Tour sind oder einfach neugierig sind, die einzigartige Kirche zu sehen, tummeln sich hier.

Tour 14

Die spektakuläre Wallfahrtskirche Madonna della Corona

Eine Messe ist der Höhepunkt jeder Wallfahrt

Fährt man nun durch das etwas kurvige Dorfzentrum, begegnet man auf der Nordseite zahlreichen Hotels und Ristoranti, die offenkundig alle ganz gut vom Wallfahrtstourismus leben.

Doch nun zur 3 **Wallfahrtskirche** und ihrer Geschichte. Angefangen hat es mit Einsiedlern, die dort oben ab dem zwölften Jahrhundert lebten. Im 15. Jahrhundert schließlich wurde die Basilika in den stei-

Reisemobilstellplätze an oder nahe der Route

Parcheggio dei Tigli, Via Cristoforo Colombo, Garda

Parcheggio Via Preite, Via Carmelo Preite, Garda

E-Bike Ladestationen an oder nahe der Route

Lungolago Regina Adelaide 2, Garda

len Fels hinein gebaut, was damals mit außergewöhnlichen Strapazen verbunden gewesen sein dürfte. Ab 1436 gehörte die Kirche schließlich dem Orden der Malteser, die hier eine Wallfahrtsstätte errichteten. **Madonna della Corona** ist heute der älteste Wallfahrtsort in Italien und vor allem natürlich wegen der spektakulären Lage besonders begehrt. Man kann also davon ausgehen, dass nicht nur fromme Wallfahrer, sondern auch neugierige Touristen diese Kirche besuchen.

*Wir fahren in Spiazzi mit dem Rad durch den Ort, dann ein kurzes Stück auf der Straße weiter, bis rechts das altehrwürdige Hotel Stella Alpina kommt (**Wegepunkt** ❽). Dort eröffnet sich auf der rechten Seite auch ein großer Parkplatz, auf dem vor allem Omnibusse parken. Hinter dem Parkplatz beginnt der Weg hinunter zur Wallfahrtskirche. Der Weg ist offiziell für Radfahrer nicht erlaubt. Man muss also schieben, kann aber auch einen Bus nehmen. Etwa zehn Minuten dauert der Weg zu Fuß mit zahlreichen Kehren und 14 Stationen eines Kreuzgangs. Dann kommt man kurz nach einer Bushaltestelle zu einem kurzen Tunnel, den man quert und vor einem Souvenirladen, einer Bar und schließlich vor der Kirche steht.*

Von den Wallfahrten lebt die hiesige Gastronomie gut

Spektakulär ist auch der Blick hinunter ins Etschtal

Hier oben hat man rechts einen herrlichen Ausblick auf das Etschtal und die Autobahn.

Der Weg von Spiazzi zur Wallfahrtskirche wurde erst vor rund 100 Jahren erbaut. Bis dahin konnte man nur auf einem mühsamen Fußweg von Brentino Belluno unten im Etschtal zur Kirche gelangen oder man ließ sich oberhalb der Kirche am Felsen über einen Lastenkorb abseilen.

Zurück auf dem Parkplatz beim Hotel Stella Alpina beginnt nun die Rückfahrt zum Gardasee. Und die wird recht gemütlich, denn es kommen lange Bergabpassagen, wo man das Rad rollen lassen kann. Viel Energie ist für die 20 Kilometer auch nicht mehr notwendig, je nachdem wie man auf der Ebene radeln will. Auf den letzten Kurven vor Garda genießt man schöne Ausblicke auf den See.

Vom Hafen in Lazise geht es nach Norden

Tour 15 Länge 18 km

ENTSPANNTE PROMENADEN AM SEEUFER

Rundtour mit schönen Aussichten von Lazise nach Garda und zurück

Eine echte Genusstour ist die Fahrt am Seeufer entlang von Lazise über Bardolino bis Garda mit herrlichen Aussichten und praktisch keinen Höhenunterschieden. Unterwegs warten viele Gelegenheiten für kulinarische Pausen und Sightseeing. Zurück kann man auch mit dem Schiff fahren.

Was erwartet mich?

9+9 km, Rundtour (identischer Hin- und Rückweg) auf flachen und überwiegend asphaltierten Radwegen entlang des südöstlichen Gardasees, kurze Passagen auf Nebenstraßen. Eine wirklich leichte Strecke also, die man sich allerdings mit Spaziergängern und Joggern teilt.

Wie komm ich hin?

Mit dem Auto: Brennerautobahn, Ausfahrt Affi, am zweiten Kreisel weiter Richtung Cavaion Veronese auf der SR450, bei Saline auf die SP5 nach Lazise. Parkmöglichkeiten gibt es in der Nähe der Burg, Via Pra' del Principe.

Was muss ich sehen?

1 Altstadt von Lazise
2 Altstadt von Bardolino
3 Altstadt von Garda

Wo tank ich auf?

Ristorante Pizzeria Le Vele, Piazza Lago 1, Bardolino
Pizzeria Gelateria Cristallo, Piazza Giacomo Matteotti 69, Bardolino
Osteria al Porto, Lungolago Regina Adelaide 47, Garda

Kartentipp: **ADFC Regionalkarte Gardasee 1:50.000**

Tour 15

TOURSTART

Sie starten in Lazise im Hafenbereich.

Das ist einfach und übersichtlich und lässt sich auch gut mit Ausflügen per Schiff kombinieren. Für Radfahrer hat man in **Lazise** am Südrand der alten Festungsmauer extra einen geräumigen Parkplatz neben einem Kinderspielplatz eingerichtet. Von dort sind es nur wenige Meter bis ins 1 **historische Zentrum** und dann links hinunter zum Hafen.

Endlich am Gardasee. Wer hier mit dem Rad unterwegs sein will und nicht zu denen gehört, die mächtig Höhenmeter sammeln wollen, der oder die möchte natürlich am See radeln. Das ist gar nicht so einfach, denn weite Bereiche des Seeufers vor allem im Westen sind mit dem Rad kaum passierbar. Entweder stehen steile Felswände im Weg oder es sind wie so oft Privatgrundstücke.

Wo allerdings der Uferbereich schön flach und offen ist, das ist die Gegend im Südosten zwischen Garda und Peschiera. In den nächsten Jahren soll ja der durchgehende Radweg rund um den See entstehen. Das ist angesichts der teils schwierigen Uferbereiche ein sehr mutiges Vorhaben. Im Südosten des Sees funktioniert das relativ leicht. Man muss sich nur den Weg mit Fußgängern und Joggern teilen und teilweise an Sandstränden entlang radeln, aber es ist ja auch keine Rennstrecke, sondern etwas zum gemütlichen Flanieren oder Promenieren, wo man sich auch zwischendurch eine Pause mit einem Espresso oder Gelato gönnen kann.

Diese Radtour verbindet einige Gardasee Klassiker und führt von Lazise im Süden Richtung Norden über Bardolino bis nach Garda.

Was diese Strecke auch abwechslungsreich macht, ist der Umstand, dass man relativ häufig vom Rad absteigt. Nicht weil man unbedingt muss, sondern weil unterwegs reizvolle historische Zentren mit engen, etwas verwinkelten Gassen und vielen interessanten Geschäften und Lokalen locken. Und da ist es gescheiter, das Rad zu schieben, weil man auch meistens nicht

Tour 15

Hinter der Stadtmauer von Lazise verstecken sich schöne kleine Gassen

allein unterwegs ist. Außerdem kann man die Läden, Bars und Sehenswürdigkeiten viel besser erleben.

Lazise gilt als die älteste Gemeinde Italiens und erhielt von Kaiser Otto II. vor rund 1.050 Jahren die entsprechenden Rechte. Auch hier regierten im Mittelalter die Scaliger und 1405 übernahm die Republik Venedig die Macht. An die Zeit der Scaliger erinnern die mächtige Burg mit den sechs zackigen Türmen und die alten Stadtmauern. Als Militär- und Handelsstation hatte Lazise früh eine besondere Bedeutung. Wo heute die Fischerboote anlegen, war einst der Militärhafen der Venezianer. Heute ist der Tourismus in Lazise sehr geprägt von den großen Erlebnisparks im südlichen Umland wie dem Movieland, Canevaworld und Aqua Paradise Park.

*Doch nun zur Tour. Vom Hafen fahren wir geradeaus auf dem Lungolago Marconi entlang des Seeufers. Anschließend radelt man weiter nach Norden bis zu einem Kreisverkehr (**Wegepunkt 1**), hier links, dann am*

Schlanke Boote vor historischer Fassade in Bardolino

Bild rechts: Unterwegs im Zentrum von Bardolino

Badestrand vorbei und weiter am Ufer entlang. Kurz nach einem Campingplatz erreicht man die kleine Ortschaft Cisano.

Hier gibt es einen kleinen **Yachthafen**, eine Piazza mit ein paar Lokalen und rechts auch zwei schöne alte Villen mit Ferienwohnungen. Der herrliche Pool am Uferbereich ist leider nur für die Gäste des Hotels Vela d`oro reserviert.

*Wir fahren also weiter Richtung Bardolino. Campingplätze und die Yachthafen folgen, dann machen wir links eine kleine Schleife bei einer Landzunge am Lido Mirabello (**Wegepunkt ❷**), erreichen kurz danach den Hafen von Bardolino, von dem aus sich die Gassen in der Altstadt ausbreiten.*

Bardolino ist natürlich eine Pause wert. Gleich beim Hafen gibt es ein paar gute Gelato Stationen und weiter hinten die schöne, zentrale Piazza Matteotti mit der **Kirche der Heiligen Nicoló und Severo**. Von dort zweigen etliche kleine Gassen ab, die sich durch die Alt-

Bar-Pizzeria
La Porta
Ristorante
AVAMPO

stadt schlängeln. Das 2 **historische Zentrum**, das auch durch die Scaliger geprägt wurde und deren Historie bis ins 10. Jahrhundert zurück geht, ist wie ein kleines Labyrinth. Bardolino ist eine sehr lebendige Stadt, in der auch der Wein namens Bardolino eine wichtige Rolle spielt und jedes Jahr beim **Weinfest** Ende September gefeiert wird. In Bardolino findet man auch noch viele, schöne alte Gotteshäuser wie die kleine Kirche San Severo. Weitere Informationen über den Ort finden Sie im **Ortsporträt Bardolino** (siehe S. 140).

*Vom Hafen aus führt die Uferpromenade in einem Bogen weiter nach Norden. Dort kann man Rad fahren, es sind aber zur Hochsaison auch viele Fußgänger unterwegs. Bald kommt man zu einer Gabelung, wo es dann links am Uferbereich weitergeht und man vor einem Campingplatz auf eine parallele Straße (**Wegepunkt ❸**) wechseln kann. Die Reise geht weiter am Seeufer entlang, was aber auf den nächsten ein bis zwei Kilometern nicht übermäßig romantisch ist, weil man die ganze Zeit an Campingplätzen vorbei radelt. Nach dem letzten Campingplatz wird es wieder grüner. Der Uferweg passiert lange, aber schmale Badestrände bis zum Ortsrand von Garda. Hier kommt man, wie an fast jedem größeren Ort am See, auf den Lungolago (auf Deutsch übersetzt: den Uferweg oder die Uferstraße). Die letzten Meter bis zum Zentrum und zum Hafen führen über ein offenes Gelände am Wasser mit breiten Wegen.*

Auch **Garda** hat ein schönes 3 **historisches Zentrum**, das sich direkt an den See anschmiegt, wo sich ein paar Meter weiter nördlich auch der Hafen befindet. In den engen Gassen rechts vom Hafen ist es besser, man schiebt das Rad oder stellt es ab und geht die wenigen Meter zu Fuß.

Garda ist nicht zufällig auch der Namensgeber für den See. Der Ort hat eine sehr lange Geschichte und

Reisemobilstellplätze an oder nahe der Route

Parcheggio Serenella, Via Gardesana, Bardolino
Parcheggio dei Tigli, Via Cristoforo Colombo, Garda
Parcheggio Via Preite, Via Carmelo Preite, Garda

E-Bike Ladestationen an oder nahe der Route

Lungolago Regina Adelaide 2, Garda

Die Kirche San Nicoló im Herzen von Bardolino

besitzt auch eine gut 1.000 Jahre alte **Pfarrkirche**, eine der ältesten in der ganzen Umgebung. Dazu kann man schöne alte **Villen** und **Paläste** entdecken. Historisch bedeutsam und auf den ersten Blick sehenswert wäre auch die nur einen Kilometer weiter nördlich liegende **Punta San Virgilio**. Dieser Landspitz ist eines der beliebtesten Fotomotive am Gardasee. Nicht zuletzt auch wegen des sehr stattlichen historischen Gebäudes mit Hotel und Restaurant. Was aber dagegen spricht, dies zu besichtigen, ist das Fehlen eines Radweges bis dorthin wie auch die ziemlich überzogenen Preise der Gastronomie. In diesem Fall ist es empfehlenswert, in Garda selbst zu bleiben und sich zu versorgen, bevor es wieder zurück nach Lazise geht.

Für den Rückweg hat man die Wahl zwischen dem Radweg oder einer Partie mit einem der Gardasee Schiffe.

Orts-
porträt

BARDOLINO

HIER DREHT SICH VIEL UM WEIN

So mag man sich den Urlaub am Gardasee gerne vorstellen. Lange Badestrände, ein Ort mit schönen Uferpromenaden und einem idyllischen und recht quirligen historischen Zentrum. Und dahinter sanft ansteigende Hügel mit Oliven- und Weingärten. Bardolino zählt nicht umsonst zu den beliebtesten Feriendestinationen am Gardasee.

Die Stadt mit 7.000 Einwohnern hat per anno rund zwei Millionen Besucher. Die meisten zieht es natürlich in das **Zentrum**, das viel nostalgische Atmosphäre bietet, aber auch überraschend breite Gassen hat. Am meisten los ist natürlich beim **Hafen**, wo die Gardasee Traghetti anlegen, und entlang des Lungolago Francesco Lenotti. Der enorme Zuspruch kommt auch daher, dass es in und um Bardolino nicht nur viele Hotels gibt sondern auch zahlreiche große Campingplätze. Wer sich für Kultur und Geschichte interessiert, findet hier einige bemerkenswerte historische Gottes-

Blick über den nördlichen Teil von Bardolino

häuser wie die neoklassizistische **San Nicolò Kirche** oder die romanische **San Severo Kirche**. Dort findet man zahlreiche Kunstschätze, die über 1.000 Jahre alt sind. Die Gründung von Bardolino geht ja auch auf das 9. Jahrhundert zurück.

Die schöne Lage hat wohl auch damals schon begeistert. Und das tut sie heute mehr denn je. Von Bardolino aus erreicht man die Nachbarorte Lazise und Garda rasch und hat es nach Peschiera, Sirmione und natürlich auch nach Verona nicht weit. Wer es ruhiger mag, kann Ausflüge in den Hügeln inmitten der **Oliven-**

Unterwegs im Zentrum von Bardolino

und Weingärten unternehmen. Was gerade Radler gerne tun. Dort kann man entspannt auf Nebenstraßen und Radwegen von Dorf zu Dorf radeln, Weingüter besichtigen und in gemütlichen Lokalen einkehren.

Bardolino ist ja auch bekannt für seine Rotweine. Die gibt es in den Qualitatskategorien DOC und der noch höheren DOCG. Dabei hat man die Wahl zwischen Bardolino, Bardolino Classico, Bardolino Superiore und Novello, dem jungen Wein. Es werden dazu auch Rosé und Schaumwein produziert. Ein absoluter Höhepunkt der Saison ist das große **Wein-**

Der Radweg bei Bardolino verläuft direkt am See

fest Ende September. Fünf Tage lang dreht sich fast alles um den roten Bardolino, gibt es Stände, wo regionale Spezialitäten und natürlich auch Wein angeboten wird und Konzerte durchgeführt werden. Zuletzt lockte das rund 100.000 Besucher nach Bardolino.

Etwas gemütlicher ist es auch in dem kleinen Vorort Cisano gut zwei Killometer weiter südlich. Dort gibt es reizvolle **Uferpromenaden** und Lokale, dazu auch hinter der Gardesana Hauptstraße noch etwas ländliche Idylle. Sehenswert ist dort auch das Olivenölmuseum, das **Museo dell`Olio** direkt an der Gardesana. Bekanntermaßen gehört der Gardasee ja zu den Top Anbaugebieten in Sachen Olivenöl.

Für Familien nicht ganz uninteressant: von Bardolino aus hat man es nicht weit zu den großen Freizeitparks am Gardasee wie dem Aquapark, dem Gardaland mit Sea Life Aquarium, Legoland und Movieland Park.

Historisches Ambiente am Hafen von Bardolino

Tour 16 Länge 17 km

IN DEN WEINGÄRTEN VON BARDOLINO

Eine Rundtour von Bardolino in eine ruhige Hügellandschaft

Wer dem Trubel am See ausweichen will, ist oben auf den Hügeln zwischen den Weingärten bestens unterwegs. Dort gibt es schöne, ruhige Nebenstraßen und abwechslungsreiche Radwege. Immer wieder genießt man schöne Blicke auf den See und kann sich bei den Weingütern Pausen gönnen. Eine Tour, die ideal für einen halben Tag ist, aber locker auf den ganzen Tag ausgeweitet werden kann.

Was erwartet mich?

17 km, 200 Höhenmeter, eine Rundtour auf schönen Nebenstraßen, Passagen auf Radwegen mit Asphalt und Schotter, immer wieder kurze Anstiege und Abfahrten. Ein richtiges Mountainbike ist praktisch, aber nicht notwendig.

Wie komm ich hin?

Mit dem Auto: Brennerautobahn, Ausfahrt Affi, am zweiten Kreisel weiter Richtung Cavaion Veronese auf der SR450 und über die SP29, links SP31 nach Bardolino. Parkmöglichkeiten gibt es entlang der Gardesana und nördlich des Zentrums bei den Campingplätzen.

Was muss ich sehen?

1 Altstadt Bardolino
2 Vogelkundliches Museum (Museo Sisan)
3 Ölmuseum
4 Zahlreiche Weingüter und Agriturismo Betriebe

Wo tank ich auf?

La Loggia e la Barchessa Rambaldi, Piazza Principe Amadeo 7, Bardolino
Osteria Domini Veneti, Str. Villa 18, Cavaion Veronese
La Taverna del Borgo, Via Stazione 5, Calmasino
VIlla Calicantus, Via Concordia 13, Calmasino

Kartentipp: **ADFC Regionalkarte Gardasee 1:50.000**

Tour 16

TOURSTART

Sie starten die recht abwechslungsreiche Runde im Zentrum von Bardolino. Wer mit dem Schiff ankommt, sucht sich einen Weg hinauf zur Gardesana.

Gleich beim Hafen gibt es ein paar gute Gelato Stationen und weiter hinten die schöne, zentrale Piazza Matteotti mit der **Kirche der Heiligen Nicoló und Severo**. Von dort zweigen etliche kleine Gassen ab, die sich durch die Altstadt schlängeln. Das 1 **historische Zentrum**, das auch durch die Scaliger geprägt wurde und deren Historie bis ins 10. Jahrhundert zurück geht, ist wie ein kleines Labyrinth.

Weitere Informationen über den Ort finden Sie im **Ortsporträt Bardolino** (siehe S. 140).

Eines von vielen Weingütern an der Strecke

Bardolino ist aber nicht nur einer der populärsten Urlaubsorte am Gardasee. Bekannt ist es auch als bedeutendes Weinanbaugebiet. Den **Rotwein** namens Bardolino gibt es in verschiedenen Varianten vom „Bardolino" über den „Bardolino Classico" bis zum „Bardolino Novello" und „Bardolino Classico Novello". Der Wein gedeiht an den Hängen über dem Seeufer, einer Gegend, die für Radtouren bestens geeignet ist und in der auch viele Einheimische unterwegs sind. Das mag vor allem daran liegen, dass man hier auch zur Hochsaison relativ ruhig unterwegs sein kann. Eine beliebte Tour ist die Runde durch die Weingärten von Bardolino aus. Es wird, so viel sei vorab verraten, ein bezaubernder Kontrast zwischen dem Trubel in Seenähe und der Idylle oben auf den Hügeln, wo man von Weingut zu Weingut, von Dorf zu Dorf gemütlich radelt und viele schöne Dinge entdecken kann, die einem bei konventionellen Autoreisen verborgen bleiben.

*Entlang der Gardesana fahren wir etwa einen Kilometer nach Süden Richtung Lazise, nützen den schmalen Streifen für Radler, bis nach einer Tankstelle auf der linken Seite die Via Campagnola abzweigt (**Wegepunkt** ❶). Sie macht gleich eine Rechtskurve und verläuft par-*

Blick über Bardolino Richtung Lazise

allel zur Gardesana nach Süden. Man fährt hier etwas oberhalb der Gardesana durch ein ruhiges Wohngebiet mit etlichen Hotels.

Fast direkt an unserer Route befindet sich das schön gelegene 2 **Museo Sisàn** in einer Seitenstraße der Gardesana. Die Fischerei und die Ornithologie stehen hier im Mittelpunkt, es werden alte Traditionen in der Region dokumentiert. Das Museum befindet sich in der Via Federico Marzan, 24/3 und ist täglich außer Montag und Dienstag im Sommer geöffnet.

Um ein ganz anderes Thema, das aber auch typisch für den Gardasee ist, geht es im 3 **Ölmuseum** direkt bei der Gardesana in der Via Peschiera, 54. In dem Museum der Familie Turri kann man nicht nur viel über die Produktion des Olivenöls in der Vergangenheit und heute erfahren. Es gibt auch die Möglichkeit, ausgesuchte Olivenöle aus der Gardaseeregion, Kosmetikprodukte mit dem Öl und andere regionale Spezialitäten zu erwerben. Das Museum ist täglich außer Sonntag offen.

*Unsere Tour führt nun (vor dem Museo Sisàn) links in die Via Pietro Mascagni (**Wegepunkt** ❷), dann ein wenig bergauf. Schließlich müssen wir etwas Höhe erarbeiten, um die Vorzüge dieser Route wirklich zu genießen. Wir verlassen das Wohngebiet und radeln entlang weitläufiger Weingärten, weniger Beton und mehr Natur. Bei einer Ampel geht es rechts weiter in die Via Costabella (**Wegepunkt** ❸). Der Weg, der teilweise mit „Percorso Vigneti" ausgeschildert ist, schlängelt sich ein wenig durch die leicht hügelige Landschaft Richtung Süden – parallel zur Gardesana. Immer wieder eröffnen sich schöne Aussichten auf den See.*

*Nach gut 5 Kilometern biegen wir in Lazise links in die Via Alberto della Scala (**Wegepunkt** ❹), passieren eine dunkle Allee und folgen dann links der Via Mondragon (**Wegepunkt** ❺). Wir sind am südlichsten Punkt der Tour. Der Weg führt uns mit mehrmaligem Abbiegen wieder durch die Weingärten nordwärts. Bald kommen wir auf der Strada Valmarana (**Wegepunkt** ❻) zu einem stattlichen Gutshof.*

Bei der 4 **Azienda Agricola Monte Oliveto** werden vor allem Weine, aber auch Grappa und Olivenöl produziert, die man dort verkosten und kaufen kann. Es ist nicht die einzige Gelegenheit. Gleich nebenan lockt die 4 **Villa Callicantus** zur Weinprobe.

*Wenige Meter sind es dann noch zur kleinen Ortschaft Calmasino, wo wir links und dann gleich wieder rechts weiter radeln. Am Sportplatz geht es vorbei nach Norden, dann rechts weiter bis zur Strada Villa (**Wegepunkt** ❼) und zur Osteria Domini Veneti und dem Ölproduzenten Turri. Hier biegt links unser Weg ab, der nun ziemlich gerade durch die Landschaft zieht, natürlich*

Reisemobilstellplätze an oder nahe der Route

Agro Campeggio

Terra e Sogni, Via San Colombano, 16A, Bardolino

Camping San Nicolo, Via Dante Alighieri, 43, Bardolino

E-Bike Ladestationen an oder nahe der Route

Go Electric, Via Borgo Cavour 38, Bardolino

Elegante Villen an der Promenade in Cisano

*etliche Weingärten und Olivenplantagen passiert. Gut zwei Kilometer fahren wir nun auf dem Radweg mit einigen Abschnitten auf Schotter. Dann kommen wir zu Strada della Valsorda (**Wegepunkt** ❽) mit Autoverkehr, wo es links nach Bardolino weiter geht. Unser letzter Abschnitt steht nun an. Jetzt kann man die Räder ausrollen lassen, bis die Gardesana erreicht ist. Via Europa Unita heißt die gut befahrene Straße, in die wir rechts einbiegen und nach einem Kreisverkehr links auf die Gardesana stoßen – wo auch unser Startort war.*

Dort kann man überlegen, ob man sich noch einen Ausflug in die [1] **Altstadt** von Bardolino mit den vielen kleinen Gassen gönnt, oder vielleicht direkt zum Hafen radelt, wo man sich bei einem Espresso oder Gelato erholt und vielleicht noch einen Ausflug mit dem Schiff anhängt.

Ruhige Radwege im Hinterland von Cisano

Tour 17 Länge 29 km

PANORAMARUNDE BEI LAZISE

Rundtour im Hinterland von Lazise mit Weingärten und romantischen Dörfern

Eine wirklich ruhige und dabei abwechslungsreiche Rundfahrt. Nur wenige Kilometer abseits des Seeufers ist man hier auf den Hügeln unterwegs, radelt an Olivenplantagen und Weingärten entlang und passiert kleine Dörfer und gediegene Landsitze. Als Höhepunkt zum Schluss macht man noch Station in Cola, einem charmanten Dorf mit viel Historie.

Was erwartet mich?

29 km, 140 Höhenmeter, eine Rundtour auf kurvenreichen Nebenstraßen bergauf und bergab von Dorf zu Dorf, von Weingut zu Weingut. Unterwegs gibt es einige kurze Anstiege und Abfahrten, dazu einige kurze Passagen auf Schotterradwegen.

Wie komm ich hin?

Mit dem Auto: Brennerautobahn, Ausfahrt Affi, am zweiten Kreisel weiter Richtung Cavaion Veronese auf der SR450 und über die SP29, links SP31 nach Bardolino, links Gardesana bis Cisano. Parkmöglichkeiten gibt es an der Ostseite der Gardesana, Str. Vignola.

Was muss ich sehen?

1 Strand Cisano
2 Ölmuseum
3 Vogelkundliches Museum (Museo Sisan)
4 Kirche Santa Maria in Cola

Wo tank ich auf?

Osteria Domini Veneti, Str. Villa 18, Cavaion Veronese
La Taverna del Borgo, Via Stazione 5, Calmasino
IL Paperonero, Via Castello 2, Colà

Kartentipp: **ADFC Regionalkarte Gardasee 1:50.000**

Tour 17

TOURSTART

Sie starten vom Parkplatz nach links und biegen in die nächste Straße links (Via Fontane) ein.

Das kleine Dorf **Cisano** liegt zwischen Bardolino und Lazise direkt am Seeufer. Eine ideale Alternative, wenn man dem Trubel in den beiden größeren Nachbarorten aus dem Weg gehen will. Dabei hat Cisano alles, was man braucht. Eine schöne Promenade, einen stilgerechten **[1] Strand**, zahlreiche Lokale und Hotels. Und dazu noch an der Gardesana das bekannte **[2] Museum**, das sich dem **Olivenöl** widmet, und ein **[3] Museum für Vogelkunde und Fischerei (Museo Sisàn)**.

Marktstände in Cisano

*Hinter dem Museo Sisàn geht es rechts in die Via Giovanni Marzan und sofort wieder rechts in die Via Pietro Mascagni, die mit einigen Kurven durch die Weingärten führt. An der Kreuzung mit Ampel fahren wir weiter geradeaus in die Strada di Progno, biegen bald links ab in die Strada di Creole (**Wegepunkt ❶**). Nun geht es ein längeres Stück nordwärts, bis zur Strada Dugale rechts (**Wegepunkt ❷**), wo wir die stark befahrene Via Europa Unita kreuzen. Über die (links) Via Ceola und (rechts) Strada della Valsorda machen wir eine weite Schleife zur (rechts) Strada di Prefontana (**Wegepunkt ❸**), auf der wir nun südwärts radeln. Weiter geht es in die Strada Villa, vorbei an Olivengärten und gediegenen Landsitzen. Plötzlich taucht eine extrem steile Passage auf. Dass die Route aber vorher rechts bergab weiter führt, sieht man erst später.*

Kleine Dörfer und einzelne Gutshöfe sorgen für reichlich Abwechslung. Dazu gehören die Villa Fontana und später die **Osteria Domini Veneti**. Direkt gegenüber könnte man bei **Frantolo Fratelli Turri** direkt vom Hersteller Olivenöl kaufen.

Wir überqueren hier also die SP31, um direkt vor Olio Turri rechts vorbei zu fahren und am „Kreisel" links dem geschotterten Weg zu folgen. Kurz danach queren wir

Am Hafen in Cisano

*das Dorf Calmasino. Danach schlängelt sich unser Weg durch die abwechslungsreiche Landschaft, wir erreichen die Strada Valmarana (**Wegepunkt ❹**), biegen rechts und an der nächsten Querstraße links ab und kreuzen die Schnellstraße SR450 (**Wegepunkt ❺**). Hier fahren wir gleich rechts in die Strada Palu, machen dann einen weiten Rechtsbogen durch die recht ursprüngliche Naturlandschaft. Auf der Strada delle Carlotte geht es rechts wieder zurück Richtung See. Eine ruhige Asphaltstraße vorbei an gediegenen Weingütern. Wir kreuzen die SR450 und biegen direkt dahinter links in die Str. della Croce (**Wegepunkt ❻**). Am Stadtrand von Lazise treffen wir auf die Via Verona, fahren ein kurzes Stück rechts und halten uns links auf der Via Monte di Sopra nach Süden. An der nächsten Kreuzung (**Wegepunkt ❼**) geht es links (Via del Molinel), dann lassen wir es bergab laufen Richtung Colà. Der romantische Ort liegt sehr* *adrett auf einem Hügel. Die letzten paar hundert Meter muss man ein wenig bergauf treten.*

Oben im Zentrum von Colà kann man rechts einen Abstecher zur 4 **Kirche Santa Maria** machen, die mit schönen historischen Bürgerhäusern umgeben ist. Außerdem hat der kleine Ort, der von weitläufigen Parkanlagen eingerahmt ist, noch eine lange Tradition als Thermalbad samt weitläufigem Thermalpark mit Badesee und eleganten Landhäusern wie die Villa Miniscalchi, die Villa da Sacco und die Villa Fumanelli. Etwas versteckt ist dann noch die **Villa dei Cedri**. Während des Zweiten Weltkriegs diente die feudale Villa als Residenz für den deutschen Generalfeldmarschall Rommel. Heute ist es ein diskretes Luxushotel direkt im Ortszentrum. Das Leben spielt sich aber hauptsächlich im Zentrum an der Hauptstraße ab. Dort kann man bei den Lokalen eine Pause machen, einen Espresso trinken und ein wenig das typisch italienische Dorfleben genießen.

Reisemobilstellplätze an oder nahe der Route

Agro Campeggio Terra e Sogni, Via San Colombano 16A, Bardolino

Camping San Nicolo, Via dante Alighieri 43, Bardolino

Area Sosta Lazise, Via Peschiera 55, Lazise

E-Bike Ladestationen an oder nahe der Route

Go Electric, Via Borgo Cavour 38, Bardolino

Der Eingang zur Villa dei Cedri in Cola

*Cola ist der südlichste Punkt dieser Runde. Für den Rückweg fahren wir durch das Ortszentrum, dann weiter links in die Via Croce, halten uns rechts und folgen der Verlängerung, der Via Tenda, Richtung See. Nach rund 1,5 Kilometern biegen wir rechts ab in die Strada delle Greghe. Diese relativ ruhige Straße führt nach Norden, vorbei an einigen Campingplätzen und an den Parkplätzen des Movie Landparks, der sich etwas weiter hinten ausbreitet. Die Straße hat bald auf der linken Seite einen bequemen Radweg. Der endet kurz vor einer Kreuzung, wo es links hinunter Richtung Lazise geht. Wir fahren aber nach wenigen Metern wieder rechts weiter (**Wegepunkt 8**) nach Norden und dann bis zur breiten Via A. Della Scala. Links geht es weiter auf der Straße kontinuierlich bergab bis zum Stadtrand von Lazise. Kurz vorm Kreisverkehr biegen wir rechts ab (**Wegepunkt 9**),*

Die Kirche Santa Maria in Cola

fahren ein kurzes Stück rechts auf der Gardasana, um dann links das historische Zentrum von Lazise zu erreichen und durch die engen alten Gassen zum Hafen zu gelangen.

Der letzte Abschnitt verläuft auf gut 2,5 Kilometern von Lazise entlang des Seeufers bis nach Cisano, wo wir auch gestartet sind.

Zum Abschluss bietet sich noch ein Stopp im 2 **Ölmuseum** (im Museo dell`Olio), an, das direkt an der Gardesana steht. Dort erfährt man viel über das Olivenöl vom Gardasee und kann sich auch mit entsprechenden Produkten und anderen Spezialitäten eindecken.

Das Ufer der Etsch in Verona

Tour 18 Länge 80 km

AUF DEN SPUREN VON ROMEO UND JULIA

Eine Rundtour von Bardolino bis Verona und über Peschiera wieder zurück

Wer einige Tage am Gardasee verbringt, der hat normalerweise auch den Wunsch, einen Ausflug nach Verona zu machen. Das geht ganz locker mit dem E-Bike. Zum Beispiel von Bardolino über die leicht hügeligen Weinberge bis zur Etsch, dann auf dem Radweg am Etschkanal ins Zentrum von Verona. Zurück geht es bis zum Fluss Mincio, dann über Peschiera zurück zum Gardasee.

Was erwartet mich?

80 km, 210 Höhenmeter, eine Rundtour auf überwiegend flachen Radwegen und Nebenstraßen. Lediglich von Cisano Richtung Etsch sind ein paar hügelige Weingärten zu überwinden. Gemütlich ist auch der Abschnitt entlang des Flusses Mincio bis Peschiera und weiter bis Bardolino.

Wie komm ich hin?

Mit dem Auto: Brennerautobahn, Ausfahrt Affi, am zweiten Kreisel weiter Richtung Cavaion Veronese auf der SR450 und über die SP29, links SP31 nach Bardolino. Parkmöglichkeiten gibt es entlang der Gardesana und nördlich des Zentrums bei den Campingplätzen.

Was muss ich sehen?

1. Piazza Bra mit Arena
2. Piazza delle Erbe
3. Balkon der Julia
4. Altstadt und Festungsanlage in Peschiera
5. Hafen in Peschiera

Wo tank ich auf?

Osteria Domini Veneti, Villa 14, Cavaion Veronese

La Taverna del Borgo, Via Stazione 5, Calmasino

IL Paperonero, Via Castello 2, Colà

Tour 18

TOURSTART

Sie starten in Bardolino an der Gardesana, fahren ein Stück südwärts und begeben sich gleich nach rechts auf den Radweg am Seeufer.

Ein Ausflug mit dem Rad nach Verona. Warum nicht? Gerade mit dem E-Bike ist es kein großes Problem, die Hügel zwischen Gardasee und Verona zu absolvieren und sich einen schönen Sightseeing Ausflug zu gönnen. Das kann eine schöne Rundfahrt werden, wenn man dann nach Verona noch Richtung Mincio fährt und auf dem Radweg entlang des Flusses über Peschiera und entlang des Seeufers wieder zurück radelt. Angesichts der gut 80 Kilometer könnte man die Tour auch auf zwei Tage verteilen.

*Die entspannte Fahrt am Seeufer endet nach gut 2,5 Kilometern in Cisano. Dort fährt man am kleinen Yachthafen vorbei, kurz dahinter links (**Wegepunkt ❶**) in eine schmale Verbindungsstraße zur Gardesana Hauptstraße, die man dort quert und ein Stück nach links versetzt in die Via Giovanni Federico Marzan fährt.*

Rechterhand befindet sich das **Museo Sisàn**. Die Fischerei und die Ornithologie stehen hier im Mittelpunkt, es werden alte Traditionen in der Region dokumentiert. Das Museum befindet sich in der Via Federico Marzan, 24/3 und ist im Sommer täglich außer Montag und Dienstag geöffnet.

*An der Gabelung fahren wir rechts in die Via Pietro Mascagni (**Wegepunkt ❷**). Auf diesem Abschnitt geht es etwas bergauf, man muss die Hügel direkt hinter dem Seeufer überwinden, wird aber dafür mit schönen Aussichten belohnt. Nun führt der Weg geradeaus weiter nach Osten. Vereinzelte Siedlungen, Wiesen und Weingärten zeigen den Weg, der immer wieder leicht bergauf verläuft, bis kurz vor Cavaion Veronese. Wir passieren den Ort am südlichen Rand, unterqueren hinter dem dritten Kreisel mit der Via Lionello Fiumi zuerst die*

Durch die Weingärten Richtung Verona

*Schnellstraße von Affi nach Peschiera und gleich danach die Brenner Autobahn. Direkt dahinter folgen wir ihr weiter nach links (**Wegepunkt ❸**) und fahren einen Rechtsbogen. Nach etwa 2,5 Kilometern erreichen wir einen Seitenkanal der Etsch, fahren ein Stück weiter am Ufer entlang, wechseln auf die andere Uferseite (**Wegepunkt ❹**) und bleiben nun für ein längeres Stück auf dem Radweg. Man könnte kurz danach auch auf den Radweg entlang der Etsch wechseln, aber es ist effizienter auf dem Weg entlang des Kanals zu bleiben, der schnurgerade bis nach Verona führt. Vor Bussolengo folgen wir den Schildern der „Via Claudia Augusta" über den Fluss (**Wegepunkt ❺**), dann links durch die Innenstadt, an der Kirche Chiesa die San Rocco links (**Wegepunkt ❻**) und vorbei an einem kleinen Flughafen bis zur Stadtgrenze. Wir fahren weiter entlang des Kanals, kurz vor der Etsch rechts über die Brücke, die nächste Brücke links überqueren (**Wegepunkt ❼**) und weiter Richtung Zentrum fahren. An der querenden Corso Milano (**Wegepunkt ❽**) links abbiegen, durch eine Grünanlage, dann vorbei an der Basilica di San Zeno und weiter zum Ufer der Etsch. Hier fahren wir rechts, am Ende links und die nächste rechts und erreichen die große Piazza Bra vor der Arena.*

An der Mauer der Arena in Verona

Der Klassiker: der Balkon der Julia

Bild rechts: Straßencafés gehören zum Stadtbild in Verona

Und das ist ein standesgemäßes Ziel für einen Ausflug nach Verona. Hier an der weitläufigen **1 Piazza Bra**, die ja selbst eine der großen Sehenswürdigkeiten in Verona ist, gibt es genügend Straßencafés, wo man sich eine Pause gönnen und überlegen kann, welches Sightseeingprogramm man wählt. Da wäre zum Beispiel die **2 Piazza Delle Erbe**, ein wunderschöner Platz mit herrlichen historischen Fassaden und einem berühmten **Brunnen mit Madonnenstatue** in der Mitte. Oder die **Via Mazzini**, eine sehr populäre Einkaufsstraße. Der Klassiker ist natürlich das **Haus der Julia** mit dem berühmten **3 Balkon**, der so ziemlich alle Besucher von Verona anzieht. Von der Piazza Delle Erbe sind es nur ein paar Meter bis zu dem kleinen gotischen Innenhof mit dem Balkon und der Bronzestatue der Julia in der Via Cappello. Der Balkon war übrigens früher ein Sarkophag und die romantische Episode eine Fantasie. Das Haus der angeblich reichen Veroneser Familie war einst ein Stall. Dort gibt es auch ein Museum, wenn man mehr über diese Geschichte erfahren will. Natürlich darf man Verona nicht verlassen, ohne die **Arena** gesehen zu haben. Das mächtige Amphitheater ist indes echt, wurde etwa 30 n.C. erbaut und ist das Drittgrößte seiner Art. Es kann auch täglich besichtigt werden.

Tour 18

Reisemobilstellplätze an oder nahe der Route

Camping San Nicolo, Via Dante Alighieri 43, Bardolino

Area Camper Porta Palio, Via G. Dalla Bona, Verona

Area Camper, Via Fassino 11, Peschiera

E-Bike Ladestationen an oder nahe der Route

Enel X, Corso Milano 147, Verona

Esselunga, Corso Milano 100, Verona

Bici Grill, Littorina del Mincio (am Radweg)

Tipp: Gut 30 Kilometer haben wir bis zum Zentrum von Verona schon absolviert. Natürlich kann man hier viele Stunden mit Spaziergängen verbringen und der Tag wird dann ziemlich knapp, wenn man bedenkt, dass man insgesamt 80 Kilometer auf dem Plan hat. Deshalb bietet sich hier in Verona die Möglichkeit an, mit der Bahn bis Peschiera zu fahren und dann nur noch ca. 17 km entlang des Gardasees bis Bardolino zu absolvieren.

*Für den Rückweg per Rad nehmen wir den Corso Porta Nuova Richtung Süden, unterqueren hinter dem Stadttor die Bahnschienen, halten uns hinter dem Bahn-Gelände rechts in die Stradone Santa Lucia (**Wegepunkt ❾**) und kommen nach einem Rechts-Links-Abbiegen (**Wegepunkt ❿**) über die Via Agostino Guerreri zur Via Sommacampagna. Nach der Querung der Autobahn biegen wir rechts ab, dann links in die Via Belvedere (**Wegepunkt ⓫**) und fahren direkt nach Sommacampagna. Die nächsten elf Kilometer wird es wieder etwas hügeliger, bis wir über die Straßen Via Guastalla, links Località Castelletto und links Via Brolino das Ufer des Flusses Mincio erreicht haben.*

Der Mincio ist ein Abfluss des Gardasees, der 75 km weiter südlich in den Po mündet. Es begleitet ihn ein sehr schöner Radweg.

*Um diesen Radweg auf der besseren westlichen Uferseite zu erreichen, fahren wir etwa zwei Kilometer links (**Wegepunkt ⓬**) Richtung Süden, queren dann bei einer Staustufe den dort sehr breiten Fluss und fahren dann auf dem schönen Radweg Richtung Norden bis nach Peschiera. Gute fünf Kilometer sind es auf dem Radweg bis man kurz nach der Autobahn den Stadtrand von Peschiera erreicht und schon von weitem die historischen Festungsanlagen sieht.*

Die [4] **Altstadt von Peschiera** mit der mächtigen fünfeckigen **Festungsanlage** wäre natürlich auch eine Besichtigung wert. Die Festung liegt wie auf einer Insel eingerahmt vom See und vom Fluss Mincio und entstand zwischen dem 15. und 17. Jahrhundert unter venezianischer Führung. Die Frage ist nur, ob man noch Zeit hat. Man könnte sich zum Beispiel auch die restliche Fahrt mit dem Rad schenken und noch einen Bum-

mel durch das historische Zentrum gönnen, danach die wenigen Meter zum 5 **Hafen** fahren und dort auf ein Traghetto, ein Passagierschiff, steigen, das einen von Peschiera nach Bardolino zurück bringt. Allerdings sollte man sich vorher informieren, inwieweit das möglich ist, denn die Transportkapazitäten für Räder sind auf dem Schiffen beschränkt.

Die mächtige Festung von Peschiera

Bild oben:
Im Zentrum von Peschiera

*Der letzte Abschnitt auf dem Radweg ist nun denkbar gemütlich und einfach. Man fährt von der Altstadt über eine der Brücken Richtung Norden, dann durch die Porta Verona und über zwei weitere Brücken, dann links (**Wegepunkt** ⓭) und weiter auf dem Radweg am Ufer entlang nach Norden. 10 Kilometer ist der letzte Abschnitt lang, der von Peschiera nach Lazise führt. Kurz danach erreicht man Cisano, den kleinen Ort, wo man auf dem Hinweg links abgebogen ist (**Wegepunkt** ➊). Von dort hat man nur noch etwas mehr als zwei Kilometer bis Bardolino.*

Bei der Scaligerburg in Sirmione

Tour 19 Länge 20 km

KLASSISCHES SIGHTSEEING AUF ZWEI RÄDERN

Streckentour am Südwestufer von Lazise nach Sirmione

Lazise und Sirmione gehören zu den schönsten und beliebtesten Orten am Gardasee. Dazwischen gibt es am Südufer einen Radweg, der ausschließlich flach und gemütlich ist. Unterwegs warten viele Sehenswürdigkeiten inklusive Hafen und Altstadt in Peschiera. Höhepunkt ist die zauberhafte Altstadt in Sirmione.

Was erwartet mich?

20 km, eine Streckentour auf fast nur flachen Radwegen bis Peschiera und weiter bis Sirmione auf Radwegen mit kurzen Straßenabschnitten. Für das Sightseeing im historischen Zentrum von Sirmione muss man aufs Rad verzichten und zu Fuß gehen. Zurück geht es optional auch mit dem Schiff.

Wie komm ich hin?

Mit dem Auto: Brennerautobahn, Ausfahrt Affi, am zweiten Kreisel weiter Richtung Cavaion Veronese auf der SR450, bei Saline auf die SP5 nach Lazise. Parkmöglichkeiten gibt es in der Nähe der Burg, Via Pra' del Principe.

Was muss ich sehen?

1. **Historisches Zentrum von Lazise**
2. **Hafen und historisches Zentrum von Peschiera**
3. **Historisches Zentrum von Sirmione**
4. **Terme di Catullo in Sirmione**
5. **Jamaica Beach**

Wo tank ich auf?

Pavillon Restaurant, Parco Catullo, Peschiera

Ristorante L`Arcimboldo, Via Vittorio Emanuele 71, Sirmione

Jamaica Beach Bar, Lido delle Grotte, Sirmione

Tour 19

TOURSTART

Sie starten in Lazise am Parkplatz oder direkt aus der Altstadt.

Lazise am Südostufer des Gardasees ist aus vielen Gründen eine beliebte Feriendestination. Die langen Badestrände, das romantische kleine 1 **historische Zentrum** und die zahlreichen Freizeitparks wie Aquapark und Gardaland ziehen viele Besucher an. Von Lazise aus hat man auch viele Möglichkeiten für Radtouren entlang des Seeufers oder auch ins etwas hügelige Hinterland. Diese Tour ist ein Klassiker mit vielen Sehenswürdigkeiten. Am Südrand des historischen Zentrums gibt es einen weitläufigen Parkplatz für Fahrräder, falls man vorher Lazise zu Fuß erkunden will.

*Aus der Altstadt fährt man auf der Via Rosenheim, die bayerische Stadt hat eine Partnerschaft mit Lazise, geradeaus vorbei am Castello Scaligero und danach entlang der Parkplätze, biegt dann rechts ab (**Wegepunkt ❶**) und kommt zu den weitläufigen Badestränden. Nun führt der Radweg am Ufer und am Strand entlang vorbei an zahlreichen Campinganlagen. Achtung: In der Sommersaison ist man hier natürlich nicht alleine unterwegs. Man sollte also gerade an unübersichtlichen Passagen vorsichtig um die Kurven fahren.*

Unterwegs gibt es auch zahlreiche Einkehrmöglichkeiten wie zum Beispiel nach rund 3,5 Kilometern beim Pacengo Beach die **Sunset Bar**. Man hat durchgehend zur rechten Seite einen herrlichen Ausblick auf den südlichen Gardasee. So bleibt es auch, bis man an der Ortschaft Ronchi vorbei fährt, von der man aber am Seeufer nicht viel mitbekommt. Mehrere Strandbäder säumen den Weg bis nach Peschiera.

*Kurz nach dem Yachthafen biegt der Radweg entlang der Straße nach links ab (**Wegepunkt ❷**), passiert eine offene Absperrung und führt nun entlang einer breiten Straße Richtung Zentrum Peschiera. Hier im Hafen-*

Historische Uferpromenaden in Peschiera

*bereich gibt es zahlreiche Wasserläufe und Brücken. Die erste Brücke ist Ponte dei Fiori, wo man rechts fährt (**Wegepunkt ❸**) auf die breite und dicht befahrene Via Venezia und weiter zur historischen Porta Verona. Vorbei am Parco Catullo komm man nach einer weiteren Brücke zum Hafen.*

Hier bietet sich ein Abstecher in das **2 historische Zentrum** links von der Straße an. Oder man gönnt sich eine Pause bei der mächtigen Festungsanlage, die zwischen dem 15. und 17. Jahrhundert von den Venezianern erbaut wurde. Die Festung wirkt wie eine Insel direkt am Fluss Mincio und dem Seeufer. Was **Peschiera** von den meisten anderen Orten am See unterscheidet, das ist die Tatsache, dass sich hier nicht alles um Tourismus dreht und dass es einen Bahnanschluss inklusive Bahnhof gibt.

*Nun geht es weiter Richtung Sirmione. Wir fahren am Kreisel rechts am Ufer entlang auf der Via Lungolago Mazzini. Vor dem Lido Cappuccini geht es links (**Wegepunkt ❹**) durch ein Wohngebiet leicht bergauf bis zur Via Milano. Auf dieser Straße führt unser Weg nun rechts weiter Richtung Sirmione. Vom See sieht man auf den nächsten Kilometern bis zum Rand von Sirmione wenig. Unterwegs wechseln sich Radweg und Straßenpassagen ab, ebenso die Straßennamen von*

Eng und begehrt: die Brücke bei der Burg in Sirmione

*Via Miralago auf Via Verona. Schließlich erreicht man gut sechs Kilometer nach Peschiera einen Kreisverkehr (**Wegepunkt ❺**), wo es rechts ab auf Nebenstraßen Richtung Zentrum von Sirmione geht. So meidet man für einen Kilometer den Verkehr auf der Hauptzufahrt nach Sirmione. Gut drei Kilometer sind es noch entlang des Ostufers der schmalen Landzunge, bis man die Zufahrt durch das enge Tor zum berühmten historischen Zentrum erreicht hat.*

Reisemobilstellplätze an oder nahe der Route

Agricamping,
Via Pastrengo 15, Lazise,
Parking Area Camper,
Via Peschiera, 57, Lazise
Agriturismo La Vigna, Cola
Area Camper,
Via Frassino, 11, Peschiera

E-Bike Ladestationen an oder nahe der Route

Gardaland, Via Derna, 4,
Castelnuovo del Garda

Leider ist das Zentrum wegen der engen Gassen und der vielen Besucher für Fahrräder gesperrt – außer für Anlieger und Hotelgäste. Rechts vor der Brücke gibt es einen großen Parkplatz für Fahrräder, der offensichtlich auch gut genutzt wird. Das Parken der Räder ist hier gratis. Weiter vorne wachen Gemeindepolizisten auch darüber, dass keiner unerlaubt mit dem Rad rein fährt.

Weiter geht es nun zu Fuß über die schmale Brücke und hinein in das **3 Zentrum** vorbei an zahlreichen Gelato Bars, Pizzerien und Souvenirgeschäften. Direkt daneben ragt die mächtige **Scaligerburg** aus dem 14. Jahrhundert, die damals als Wehranlage zum Schutz des Ortes gebaut wurde, in den Himmel.

Diskreter Eingang zum Hotel Villa Cortina Palace

Die Burg kann man ebenso wie den **historischen Hafen** besichtigen. Dieser Teil von **Sirmione** scheint sehr beliebt zu sein, aber es gibt auch eine andere Seite von Sirmione. Hat man die gut 400 Meter durch den ziemlich kommerziellen Teil hinter sich gebracht, wird es plötzlich sehr grün und sehr elegant. Links ist der Eingang zur **4 Terme Catullo**, einem traditionsreichen Thermalbad. Rechts stehen meist einige Schaulustige, die vor dem Eingang zum Park des feudalen **Luxushotels Villa Cortine Palace** durch das Tor schauen. Die Villa ist die exklusivste Art, in Sirmione zu nächtigen. Erbaut wurde sie Ende des 19. Jahrhunderts von einem deutschen Grafen. Direkt gegenüber steht eine elegante gelbgrüne Villa, die von Passanten deutlich weniger wahrgenommen wird. Dabei lebte dort von 1952 bis 1958 die legendäre Operndiva **Maria Callas**, die Sirmione als Rückzugsort zwischen Konzerten liebte. Dieser nördliche Teil der Halbinsel ist ruhiger und natürlicher als der Teil rund um die Scaligerburg am Eingang. Ein Highlight sind die **Grotten des Catull** ganz im Norden. Die

Auf dem Weg zum Jamaica Beach

römische Therme wurde nach dem Dichter Gaius Valerius Catullus benannt und imponiert durch die Größe und Dominanz, die die Ruinen heute noch ausstrahlen. Unterhalb der Grotten des Catull versteckt sich eine andere Sehenswürdigkeit. Der **5 Jamaica Beach** ist ein ungewöhnlicher Strand, der überwiegend aus flachen Steinpatten besteht und in dieser Lage einen herrlichen Blick auf den Gardasee eröffnet. Ein wirklich idyllischer Platz abseits des Trubels. Zurück könnte man nun entlang des Spiaggia delle Bionde, dem Strand der Blondinen, am Ostufer laufen.

Weitere Informationen über den Ort finden Sie im **Ortsporträt Sirmione** (siehe S. 172).

Für die Heimreise hat man die Wahl zwischen der selben Strecke mit dem Rad oder einer Fahrt mit dem Passagierschiff vom Hafen in Sirmione bis Lazise – eine stilgerechte Rückfahrt.

Orts-
porträt

SIRMIONE

LANG UND SCHLANK IST AUCH SCHÖN

Sirmione ist zumindest in geographischer Hinsicht die ungewöhnlichste Ortschaft am Gardasee. Der innere Bereich von Sirmione liegt auf einer schmalen Landzunge, die gut vier Kilometer lang und zwischen 750 und 1200 Metern breit ist.

Das touristische Sirmione besteht vor allem aus dem **historischen Zentrum**, das durch ein Wasserbecken und eine Mauer vom südlichen Teil der Landzunge abgetrennt ist. Eine Maßnahme, mit der sich die Scaliger früher mehr Sicherheit vor unliebsamen Besuchern schaffen wollten. Die **Burg**, die neben der Brücke zur Altstadt liegt, entstand im 14. Jahrhundert und grenzt direkt an den Hafen an. Die Burg mit ihren kantigen Türmen beinhaltet auch ein **Museum** und kann besichtigt werden. Insgesamt ist der Ort Sirmione sehr viel größer als dieser innere Bereich der Landzunge, aber die

Blick über den nördlichsten und schönsten Teil von Sirmione

Sehenswürdigkeiten und das öffentliche Interesse konzentrieren sich doch auf diesen nördlichen Abschnitt.

Wer also den Weg über die Brücke zur Festung auf sich nimmt, taucht zunächst in ein enges Gewirr von historischen Gassen mit vielen Geschäften und Lokalen ein und vor allem mit sehr vielen Besuchern. Zur Hochsaison gibt es dort wirklich viel Trubel. Deshalb ist es Radfahrern auch nicht erlaubt, mit ihrem Transportmittel diesen engeren Bereich zu befahren. Ausnahmen gibt es nur für Einheimische und Hotelgäste. Aber es geht auch gut ohne Rad. Nach wenigen hun-

Flanieren am Wasser in Sirmione

dert Metern auf dem Weg Richtung Norden wechselt die Szenerie deutlich. Man verlässt die Enge der historischen Bauwerke und ist plötzlich von viel Grün umgeben. Rechts ist der feudale Zugang zu dem historischen **Luxushotel Villa Cortine** inmitten eines großen Parks, links verbirgt sich eine ebenfalls sehr stattliche grüne Villa, in der früher die Sängerin **Maria Callas** wohnte und in der heute Ferienwohnungen vermietet werden. Anekdote am Rande. Die Villa Cortine erbaute vor über 100 Jahren ein gewisser Kurt von Koseritz aus dem östlichen Deutschland.

Die ehemalige Villa der Operndiva Maria Callas

Auf dem weiteren Weg nach Norden findet man eine pure Idylle abseits der Massen. Ganz oben schließlich erreicht man die **Grotten des Catull**, die Überreste einer römischen Villa. Eine einst stattliche Anlage, die vom Dichter Catull aber nie bewohnt wurde. Man vermutet heute, dass es sich um eine Therme gehandelt haben muss. Wobei die Annahme einer Therme nicht abwegig ist, denn das Wasser von Sirmione ist sehr schwefel- und jodhaltig, wird auch für Thermalbehandlungen genutzt. Das moderne Thermalbad heißt passenderweise auch **Terme di Catullo** und befindet sich auf halbem Weg zwischen Brücke und nördlicher Spitze. Und genau dort gibt es auch reizvolle Bademöglichkeiten. A propos Badespaß. Der **Jamaica Strand** direkt neben den historischen Grotten ganz im Norden bietet ein sehr spezielles Badeerlebnis mit großen Steinplatten und einem exzellenten Ausblick auf den See. Der Strand hat auch ein eigenes Lokal mit gleichem Namen. Und nebenan gibt es noch die **Spiaggia delle Bionde**, den Strand der Blondinen. Vor allem in der Nebensaison kann man hier schöne Badetage verbringen. Nur leider ohne Fahrrad.

Die zentrale Gasse in Sirmione ist nicht immer so leer

Orts-porträt

Blick auf Valeggio
Sul Mincio

Tour
20

Länge
45 km

VIEL HISTORIE ENTLANG DES FLUSSES MINCIO

Streckentour von Peschiera nach Mantua

Eine gemütliche Ausfahrt an einem schönen Fluss entlang von einer Sehenswürdigkeit zur nächsten. Von Peschiera aus radelt man am Mincio entlang Richtung Süden und macht zuerst Station in Valeggio Sul Mincio und Borghetto, einem der schönsten Dörfer Italiens. Das verlockende Ziel ist die eindrucksvolle Altstadt von Mantua.

Was erwartet mich?

45 km, eine Streckentour auf einem Teilstück des EuroVelo7, die leicht zu fahren ist. Schließlich sind wir Fluss abwärts unterwegs, denn der Mincio ist ein Abfluss vom Gardasee.

Wie komm ich hin?

ÖPNV: Von Verona mit dem Regionalzug bis Bahnhof Peschiera del Garda. Der Bahnhof befindet sich relativ zentral wenige Meter vom Ufer des Flusses entfernt.
Mit dem Auto: Brennerautobahn, A4 Richtung Mailand, Ausfahrt Peschiera, auf SR249 Richtung Zentrum. Direkt an der Autobahn-Abfahrt befindet sich auf der anderen Flussseite (SR249, SR 11) direkt am Ufer ein kostenfreier Parkplatz, Località Casa Otello 7.

Was muss ich sehen?

1 Altstadt und Festungsanlage in Peschiera
2 Parco Giardino Sigurtà
3 Historischer Ortsteil Borghetto
4 Renaissance Altstadt in Mantua/Mantova

Wo tank ich auf?

Pavillon Restaurant, Parco Catullo, Peschiera
Bici Grill, Littorina del Mincio (am Radweg)
Il Giardino di Borghetto, Strada Viscontea 533, Valeggio

Tour 20

TOURSTART

Sie starten in Peschiera entweder in der Nähe des Hafens oder weiter im Süden am Parkplatz in der Nähe der Autobahn.

Wir haben es hier mit einer international bekannten Persönlichkeit zu tun. Der Radweg von Peschiera nach Mantua ist Bestandteil des grenzüberschreitenden Radwegs EuroVelo 7, der in seiner ganzen Länge vom Nordkap bis Malta auf rund 7.650 Kilometern verläuft. Der Mincio ist übrigens ein Fluss, der vom Gardasee abfließt und nach rund 75 Kilometern in den Po mündet. Und dem wollen wir für etwas mehr als die Hälfte folgen.

Vorher sollte man sich aber noch die 1 **Altstadt von Peschiera** anschauen mit den nostalgischen kleinen Gassen und der großartigen 1 **Festungsanlage**, die im 16. Jahrhundert von den Venezianern erbaut und im 19. Jahrhundert von den Habsburgern noch erweitert worden ist. Das bleibt allerdings nicht das einzige Schmuckstück entlang der Strecke.

Im weitläufigen Parco Sigurtà bei Valeggio

Der Radweg bei der großen Festungsanlage verläuft zunächst am westlichen Flussufer auf einem schmalen, nicht asphaltierten Radweg, mündet aber dann in einen breiteren asphaltierten Weg.

*Geradeaus nach Süden geht es am Flussufer entlang – auf bequemen Radwegen und zwischendurch auf ruhigen Nebenstraßen. Nach gut sechs Kilometern folgen wir den Schildern des EV7 auf die andere Seite des Flusses (**Wegepunkt** ❶) und folgen ihm weiter auf der östlichen Seite.*

Eine schöne und teilweise sehr ursprüngliche Naturlandschaft. Dazu kann man in außergewöhnlich schönen Orten Station machen. In dem malerischen kleinen Dorf Monzambano mit viel Historie lohnen sich die **Kirche San Michele** und die Burg **Castello die Monzambano**.

Die Voltoni Brücke in Peschiera

*Kurz vor Valeggio sul Mincio machen wir einen kleinen Schlenker: wir biegen an einem Restaurant links ab (**Wegepunkt ❷**) und fahren parallel zur SP28 nach rechts weiter.*

Am Nordrand von Valeggio breitet sich der 60 Hektar große 2 **Parco Sigurtà** aus, den es schon seit dem frühen 17. Jahrhundert gibt. Der Unternehmer Giuseppe Carlo Sigurtà ließ den Park kräftig erweitern und zu dem machen, was er heute ist – eine der schönsten Parkanlagen in Italien. Ein zehn Kilometer langer Weg schlängelt sich durch den prachtvollen Park, der auch mit dem Rad befahren werden kann. Berühmt ist die Stadt auch wegen einer anderen Spezialität. Und das ist der **Tortellino** beziehungsweise die Tortellini. Ein Restaurant im Zentrum von Valencia trägt sogar den vielversprechenden Namen „beim König des Tortellino". Eine wichtige Rolle spielt in Valeggio die **Visconti Brücke**. Das stattliche Bauwerk aus dem späten 14. Jahrhundert ist eigentlich ein Staudamm, der von

Die Reste der mächtigen Burg in Valeggio

Visconti erbaut worden ist. Auf dem 650 Meter langen Bauwerk findet jedes Jahr im Juni das berühmte Tortellini Fest statt. Fest der Liebesknoten heißt es offiziell, wenn auf der Brücke bis zu 3.000 Gäste an langen Tischen mit den für den Ort so typischen Tortellini tafeln. Die mächtige **Burg von Valeggio**, die zwischen Borghetto und Valeggio am Flussufer steht, wurde im 13. Jahrhundert erbaut, nachdem die Vorgängerfestung einem Erdbeben zum Opfer gefallen ist. Besonders sehenswert ist das **3 mittelalterliche Viertel Borghetto** direkt am Mincio mit seinen nostalgischen Häusern, histori-

Borghetto ist ein idyllischer Vorort von Valeggio

schen Wassermühlen und gemütlichen kleinen Lokalen. Borghetto ist verführerisch. Man sollte darauf achten, dass man nicht so viel Zeit in diesem charmanten Ort verliert. Es sind immer noch mehr als 25 Kilometer bis Mantua.

*Unsere Tour führt weiter auf dem Radweg am linken Flussufer entlang. Mittlerweile befindet man sich in der Region Lombardei. Ab Pozzolo folgt der Weg einem Seitenkanal des Mincio, wechselt bei Soave wieder die Uferseite (**Wegepunkt** ❸), führt ein Stück auf einer öffentlichen Straße, danach weiter geradeaus auf dem Radweg. Kurz vor Mantua endet der Asphalt und wir müssen rechts abbiegen (**Wegepunkt** ❹). Wir folgen den Schildern im Zickzack zu einem weitläufigen Gewässer.*

Hier wird der Fluss Mincio zu einem richtigen See, der das Zentrum von Mantua umrahmt. Auf der Oberfläche gedeihen große Mengen von Wasserlilien.

Reisemobilstellplätze an oder nahe der Route

Area Camper,
Via Fassino 11, Peschiera
Area di Sosta Spara´fucile,
Via Legnago, Mantua

E-Bike Ladestationen an oder nahe der Route

Bici Grill, Littorina del Mincio (am Radweg)
Parco Giardino Sigurtà,
Valeggio sul Mincio
Via Reboline,
Pozzolo sul Mincio

Zwischen dem Lago Superiore und dem Lago di Mezzo, dem oberen und dem mittleren See, gelangt man in das weitläufige historische Zentrum von Mantua. Über eine Brücke erreichen wir den Nordrand von Mantua, fahren noch ein Stück links entlang des Ufers und biegen dann rechts ab zum Palazzo Ducale, einer der großen, zentralen Sehenswürdigkeiten der Stadt.

In der Renaissance regierte das Geschlecht der Gonzaga in Mantua. Die umfassenden Bauaktivitäten prägen auch heute noch den Stil der 4 **Altstadt von Mantua**. Man sollte sich also Zeit nehmen für einen Streifzug durch das historische Zentrum mit dem mächtigen **Palazzo Ducale** der im 16. Jahrhundert erbaut wurde, mit dem romanischen Glockenturm samt der Basilika Sankt Andrea aus dem 15. Jahrhundert. Nicht versäumen sollte man auch die **Piazza Erbe** mit dem Palazzo della Ragione inklusive Uhrenturm.

In Mantua würde es sich lohnen, in der Stadt zu übernachten und das Sightseeing weiter fortzusetzen.

Der Dom von Mantua in der zentralen Piazza Sordello

Bild rechts:
Große Plätze und hohe Mauern in Mantua

Zurück zu unserem Ausgangspunkt – den Gardasee – gelangen wir auf der gleichen Strecke, wie wir sie hergefahren sind. Aber Achtung: es bleiben 45 km mit minimalem, stetigem Anstieg.

Eine reizvolle Alternative wäre es auch, mit dem Zug von Mantua bis Verona zu fahren, dort umzusteigen und den Zug nach Peschiera zu nehmen.

Im Sommer gibt es zusätzlich auch einen Shuttle-Bus mit Radanhänger, den man auf www.gardasouthcycling.com buchen kann.

HOTEL

Der alte Hafen zählt zu den Attraktionen in Desenzano

Tour 21 Länge 21 km

AUSFLUG ZU EINEM ITALIENISCHEN NATIONALHEILIGTUM

Rundtour von Desenzano durch die Weingärten zum prachtvollen Turm von San Martino

Im Hinterland von Desenzano gibt es viel Landleben, weitläufige Weingärten und dazu herrliche Weingüter und Lokale zur stilgerechten Einkehr. Und es gibt den Torre di San Martino, einen prachtvollen Turm samt Museum und anderen historischen Gebäuden, der bei den Italienern hohes Ansehen genießt und der ein beliebtes Ziel von Radausflügen ist.

Was erwartet mich?

21 km, 38 Höhenmeter, eine recht flache Rundtour anfangs auf einigen Straßen mit etwas mehr Verkehr, unterwegs auf ruhigen Nebenstraßen und teils auf Radwegen. Manche Straßen sind etwas eng. Bei Autoverkehr sollte man aufpassen.

Wie komm ich hin?

ÖPNV: Von Verona mit dem Regionalzug bis Bahnhof Desenzano del Garda-Sirmione.

Mit dem Auto: Brennerautobahn, A4 Richtung Mailand, Ausfahrt Desenzano. Über SP567 Richtung Zentrum am Einkaufszentrum rechts zum Bahnhof. Parkplätze gibt es auf der Südseite des Bahnhofs.

Was muss ich sehen?

1. Torre di San Martino
2. Museo della Battaglia
3. Alter Hafen von Desenzano
4. Kirche Santa Maria Maddalena

Wo tank ich auf?

Trattoria La Goccia, Montonale Basso 13, Desenzano

Osteria alla Torre, Via Torre 1, Desenzano

Ristorante Mirabello, Mirabello 1, Desenzano

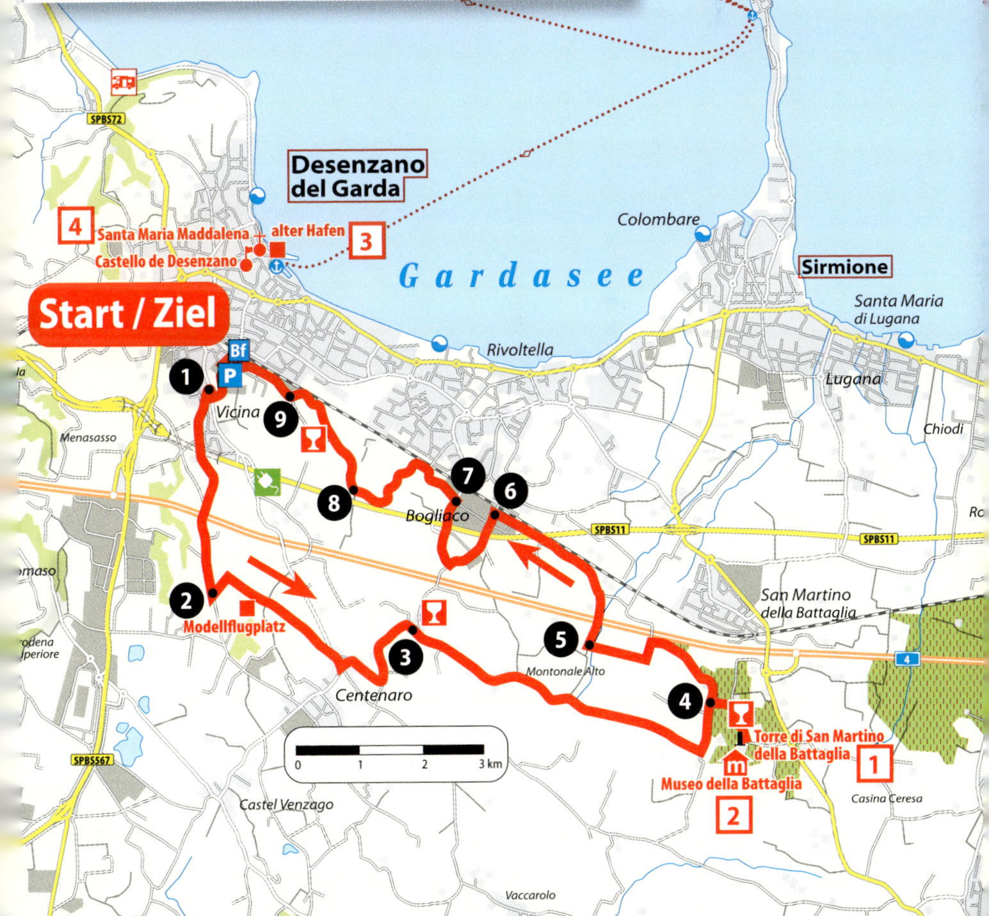

Tour 21

TOURSTART

Sie starten in Desenzano am Bahnhof und verlassen den Parkplatz in südlicher Richtung auf der Via Monte Baldo.

Der südliche Teil des Gardasees ist prädestiniert für das eher entspannte Radfahren. Keine hohen Berge, viel Sonne und Strände, dazu flache Wiesen und verlockende Weingüter und Agriturismobetriebe. Wer den Trubel am See scheut, muss nur ein paar Kilometer, manchmal ein paar hundert Meter fahren und ist in einer ganz anderen Welt. So wie hier bei diesem Ausflug bei Desenzano. Eine kurze Rundfahrt ausnahmsweise mal ohne See und Seeufer. Dass wir in Desenzano starten, hat auch den Vorteil, dass man hier mit der Bahn anreisen kann. Er ist einer der ganz wenigen Orte am Gardasee mit Bahnanschluss.

Am Ende der Via Monte Baldo biegen wir links und sofort wieder rechts ab. Weiter geht es dann beim Kreisverkehr rechts ein kurzes Stück, dann links in die Via

Desenzano ist die größte Stadt direkt am See

*Vicina (**Wegepunkt ❶**). Wir halten uns rechts, fahren an der nächsten Kreuzung links auf die Via Vicina und überqueren die Autobahn A4 Torino-Trieste. Dabei verlässt der Weg das Gewerbegebiet und wird zu einer echten Landpartie, bei der man vorbei an Wiesen und Weingärten radelt. Nach der Autobahn fahren wir links (**Wegepunkt ❷**) auf eine schmale und ruhige Straße über die Felder und vorbei an einem Modellflugzeugplatz weiter Richtung Osten. Am Ende des Weges biegen wir rechts ab nach San Pietro, vor dem Kreisel links und im Zickzack nach Norden bis (rechts) zum Weiler Montonale Basso (**Wegepunkt ❸**). Der Weg verläuft nun ziemlich geradeaus auf den Torre (Turm) di San Martino zu, der von weitem schon zu erkennen ist. Am Ende des Weges geht es links und dann rechts (**Wegepunkt ❹**) um den Turm herum bis zum offiziellen Eingang zum Torre di San Martino della Battaglia, so der offizielle Name.*

Der 1 **Torre di San Martino della Battaglia** ist ein beliebtes Ausflugsziel vor allem bei den Italienern. Das hat auch damit zu tun, dass da nicht nur ein Turm steht,

Ein italienisches Nationalheiligtum: der Torre di San Martino della Battaglia

sondern dass es hier eine lockere Ansammlung von mehreren historischen Gebäuden gibt. Dazu gehören drei historische Gutshöfe, östlich, westlich und nördlich des Turms, eine Osteria direkt zu Füßen des Turms und das **2 Museo della Battaglia** nebenan.

Doch nun zum Turm selbst. Er ist 74 Meter hoch und wurde ab dem Jahr 1880 in Gedenken an die Schlacht, an die Battaglia, der Italiener gegen die Österreicher im Jahr 1859 erbaut. Selbiges geschah auch zu Ehren des Königs Vittorio Emanuele, der von 1848 bis 1870 regierte. Der Turm steht auf einem Hügel, bietet eine herrliche Aussicht, wenn man sich die Mühe macht, den Aufstieg zu absolvieren. Auf der einen Seite der Gardasee im Norden und auf der anderen Seite im Süden die Poebene mit dem Appenin im Hintergrund. Im Museum sind in drei Räumen viele zeitgenössische Gegenstände aufbewahrt, die bei den Kämpfen 1859 wichtig waren, wie etwa Waffen, Uniformen und Ausrüstungsgegenstände der Soldaten. Dem Anlass entsprechend ist es nicht nur ein Turm, sondern ein Bauwerk, das mit vielen Kunstwerken sehr vielseitig und informativ ausgestattet ist. Man kommt auch gleich nach oben, da es keine Treppe gibt, sondern eine durchgehende schräge Ebene, die auch nicht sehr steil ist. Danach könnte man standesgemäß in der benachbarten Osteria alla Torre einkehren, einem klassischen Lokal mit guter regionaler Küche.

*Nun geht es zurück Richtung Desenzano auf einer Route etwas weiter nördlich. Dazu fährt man wieder zurück, an der Osteria vorbei, dann rechts (**Wegepunkt***

*❹) vorbei an zwei Bauernhöfen Richtung Autobahn, an dieser ein Stück entlang und dann rechts (**Wegepunkt ❺**) über die Brücke und weiter bis zum Bahngleis. Der Weg begleitet die Bahn, überquert die Strada Provinciale 11, macht dann einen Schlenker nach links (**Wegepunkt ❻**) durch ein Gewerbegebiet, kreuzt zwei Mal die SP11 und führt am Kreisel links über die Straßen Via Calamar (**Wegepunkt ❼**), Località Candelina, rechts Località Casotto (**Wegepunkt ❽**) und rechts Località Ca'Bianca (**Wegepunkt ❾**) wieder zurück zum Bahnhof von Desenzano. Von dort wäre es nicht weit bis zur Altstadt von Desenzano, die man auf der anderen Seite der Bahnschienen geradeaus auf der Viale Cavour erreichen kann.*

Reisemobilstellplätze an oder nahe der Route

Camper Parking Area „La Spiaggia", Via Vo` 19, Desenzano

E-Bike Ladestationen an oder nahe der Route

eConnex, Borgo Macchetto, Desenzano

Von der Altstadt in Desenzano geht es in die überwiegend flache Umgebung

Desenzano, die größte Stadt am Gardasee mit knapp 30.000 Einwohnern, hat auch kulturell einiges zu bieten. Zum Beispiel die malerische **Piazza Malvezzi** am **3 alten Hafen**, der einst eine wichtige Handelsstation war und heute mit seinen Bogengängen das Wahrzeichen der Stadt ist. Es gibt natürlich auch einen neuen Hafen für die Linienschiffe, den man über die Strandpromenade erreichen kann. Nicht weit von der Piazza Malvezzi steht das alte **Castello**, das eine sehenswerte Kunstausstellung beherbergt und in dem zahlreiche Ausstellungen stattfinden. Sehenswert ist auch die prachtvolle **4 Kirche Santa Maria Maddalena**. Und Badestrände gibt es natürlich auch.

Bei Padenghe sind Berge noch weit entfernt

Tour 22 Länge 38 km

IM SCHÖNEN HINTERLAND DER VALTENESI

Eine Streckentour zwischen Desenzano und Salo

Auch das Hinterland von Desenzano und Salò hat seine Reize. Das macht den besonderen Charme dieser Radtour von Desenzano bis Salò aus. 38 abwechslungsreiche Kilometer mit einigen sanften Anstiegen und Abfahrten. Am Schluss genießt man die aussichtsreiche Abfahrt zur Bucht von Salò.

Was erwartet mich?

38 km, 350 Höhenmeter, eine Streckentour auf Radwegen und Nebenstraßen, im mittleren Teil längere sanfte Anstiege und zum Schluss schöne Bergabfahrten hinein nach Salò. E-Mountainbike oder auch E-Tourenrad sind ideal.

Wie komm ich hin?

ÖPNV: Von Verona mit dem Regionalzug bis Bahnhof Desenzano del Garda-Sirmione.

Mit dem Auto: Brennerautobahn, A4 Richtung Mailand, Ausfahrt Desenzano. Über SP567 Richtung Zentrum am Einkaufszentrum rechts zum Bahnhof. Parkplätze gibt es auf der Südseite des Bahnhofs.

Was muss ich sehen?

1. Castello von Padenghe
2. Castello von Polpenazze
3. Hafen und Altstadt in Salò
4. Hafen und Altstadt von Desenzano

Wo tank ich auf?

Storico Caffè Centrale, Piazzale Roma, 35, Polpenazze

Ristorante Circolo Vela Canottieri, Via Canottieri, 1, Salò

Kartentipp: **ADFC Regionalkarte Gardasee 1:50.000**

Tour 22

TOURSTART

Sie starten in Desenzano am Bahnhof und verlassen den Parkplatz in südlicher Richtung auf der Via Monte Baldo.

Ein besonderer Reiz der Radtouren am Gardasee ist die Möglichkeit, diese Exkursionen mit den Schiffen zu kombinieren. Und das macht auch diese Tour von Desenzano nach Salò besonders interessant. Man startet in Desenzano und entdeckt das bezaubernde Hinterland mit vielen ländlichen Schönheiten, mit Weingärten, mit reizvollen alten Dörfern und vor allem mit verlockenden Einkehrmöglichkeiten. Zurück bietet sich das Schiff von Salò nach Desenzano an. So kann aus den 38 Kilometern einfacher Strecke eine gut gefüllte

Das Seeufer bei Desenzano

und abwechslungsreiche Tagestour werden. Man sollte aber auf die Ankunftszeit achten, wenn man mit dem Schiff wieder zurückfahren will.

Desenzano am Südwestufer ist die mit Abstand größte Stadt am Gardasee mit rund 30.00 Einwohnern. Die urbane Atmosphäre erlebt man schon bei der Anfahrt angesichts des typisch italienischen, also hektischen Stadtverkehrs.

*Am Ende der Via Monte Baldo biegen wir links und sofort wieder rechts ab. Weiter geht es dann beim Kreisverkehr rechts ein kurzes Stück, dann links in die Via Vicina (**Wegepunkt** ❶). Wir halten uns rechts, fahren an der nächsten Kreuzung links auf die Via Vicina und überqueren die Autobahn A4 Torino-Trieste.*

Auch vom Castello in Padenghe hat man einen schönen Seeblick

*Nach knapp vier Kilometern nach Süden erreichen wir Centenaro, einem Vorort von Desenzano. Dort folgt man rechts der Via Centenaro (**Wegepunkt** ❷) und fährt weiter westwärts. Vorbei an einem Friedhof erreichen wir Castel Venzago. Bei der Kirche geht es rechts, dann links und gleich wieder rechts in die Via Pietra Pizzola, der wir nach links weiter folgen. Den Kreisverkehr verlassen wir schräg links auf der Via Slossaroli, biegen rechts in die Via Corte Ferrarini ab (**Wegepunkt** ❸), fahren vorbei an der Kartbahn nach Norden und mit Links-Rechts-Links-Abbiegen unter der Autobahn her.*

Nächstes Zwischenziel ist hier die Stadt Lonato, die etwa halb so groß wie Desenzano ist und weniger Tourismus aber viel Geschichte besitzt. Das dokumentieren auch der mächtige **Torre Maestra**, die Überreste der Festung sowie die stattliche **Basililka**.

*Danach radelt man weiter nordwärts, über die Bahnschienen hinweg (**Wegepunkt** ❹), am ersten Kreisel links, am zweiten Kreisel rechts und weiter geradeaus nach Padenghe. Am Kreisel fahren wir geradeaus, am nächsten links und am Ende rechts (**Wegepunkt** ❺).*

Auf der linken Seite thront unübersehbar das mächtige [1] **Castel** aus dem 10. Jahrhundert oder besser gesagt seine Überreste. **Padenghe** hat ein kleines historisches Zentrum und einen reizvollen Strand zu bieten. Wir sind hier nun für ein kurzes Stück nah am Seeufer. In der Umgebung etwas weiter nordwestlich gibt es eine großzügige Golfanlage mit dem **Palazzo Arzaga**, einem ehemaligen Kloster, als Mittelpunkt.

Von der Via Roma biegen wir nun links ab und am Ende rechts links in die Via Tito Speri. Nun führt die Strecke für die nächsten zehn Kilometer immer wieder sanft bergauf. Insgesamt sind es doch 520 Höhenmeter, die sich vor allem auf den zweiten Teil der Strecke verteilen. Am Monte Gozzola geht es vorbei und weiter auf ruhigen Nebenstraßen durch Chizzoline und Soiano del Lago bis zur nächsten Zwischenstation Polpenazze del Garda.

Viel Historie bietet auch das beschauliche Polpenazze

Nun sind wir in einer recht hügeligen Gegend unterwegs. Hier begegnen wir weiten, offenen Feldern, Oliven- und Weingärten und natürlich auch einladenden Weingütern. Dieser Abschnitt verlangt zwar kein besonderes Können, aber es warten einige überschaubare Höhenmeter. Doch mit E-Bike ist das eher ein Vergnügen, vor allem wenn noch eine spektakuläre Abfahrt am Schluss wartet. Wir sind hier nun im Gebiet der Valtenesi. Es ist der historische Begriff für das hügelige Hinterland bei Salò und Padenghe, das nicht nur schön, sondern auch für stattliche Villen und einen exzellenten Rotwein bekannt ist. In Polpenazze wäre eine Pause durchaus angemessen. Hier gibt es mit dem historischen 2 **Castello di Polpenazze** auch eine Kuriosität, denn von der Festung, die im 11. Jahrhundert zur Verteidigung gegen die angreifenden Ungarn erbaut wurde, existiert nur noch die Fassade, die ein wenig wie eine Kirche aussieht. Heute befinden sich in dem Bau mit seinem moderneren rückwärtigen Teil eine Bibliothek sowie einige kommunale Ämter. Auch eine Kirche ist dort eingerichtet. Vom Castello aus hat man auch einen schönen Blick auf die Gegend der Valtenesi. Sehenswert ist hier gegenüber auch die **Pfarrkirche Santa Maria** mit prachtvoller Fas-

Reisemobilstellplätze an oder nahe der Route

Camper Parking Area „La Spiaggia", Via Vo` 19, Desenzano

Parcheggio Paradiso, Via Tavine, Salo

E-Bike Ladestationen an oder nahe der Route

eConnex, Borgo Macchetto, Desenzano

sade und ebensolchem Innenleben, die an einem besonders schönen Aussichtspunkt steht. Erbaut wurde sie in der zweiten Hälfte des 16. Jahrhunderts.

*Nach Polpenazze biegen wir links in die Via Maglio (**Wegepunkt ❻**), erneut links in die Via Monte Suelo und in Schlangenlinien weiter Richtung Norden durch die weitgehend grüne Landschaft. Auf Nebenstraßen kommt man von Picedo und Palazzino Castelli bis zur Ortschaft Puegnago sul Garda.*

Puegnago ist ein gemütlicher kleiner Ort mit wenig Tourismus und einigen schönen historischen Bauten wie der **Kirche von Mura** und dem **Glockenturm** der ehemaligen Festung. Eine exklusive Adresse ist etwas außerhalb das **Weingut der Grafen Thun**, einer Südtiroler Adelsfamilie.

*Bei Puegnago haben wir den höchsten Punkt der Tour erreicht. Und das bedeutet, dass die restlichen neun Kilometer bis Salo sehr entspannt werden, weil es fast durchweg bergab geht. In Cunettone treffen wir schließlich auf die Via Europa, wo sich der meiste Verkehr zwischen Salò und Desenzano abspielt. Wir folgen ihr ein kurzes Stück nach links und biegen rechts nach Villa ab (**Wegepunkt ❼**). Über rechts Via Muro und an der Kreuzung nach links Via del Panorama fahren wir weiter nach Salò hinein. Über die Straßen Via Valle (rechts, **Wegepunkt ❽**), rechts Via Anime del Purgatorio und links Via Maria Montessori kommt man schließlich direkt ins historische Zentrum und zum Hafen von Salò.*

Für **Salò** sollte man sich Zeit nehmen, denn nicht nur die elegante Uferpromenade Lungolago Zanardelli sondern auch die vielen kleinen Gassen im **3 historischen Zentrum** sind es wert, ausführlich besichtigt zu werden. Zu den bekanntesten Sehenswürdigkeiten zählen der **Dom Santa Maria Annunziata**, das Rathaus im historischen **Palazzo del Podestà** und das **Kunstmuseum Musa**.

Tour 22

Salò ist das Ziel dieser relativ langen Tour

Wer die 38 km nicht noch Mal zurück radeln möchte, nutzt das Schiff, um entspannt Richtung Desenzano zu reisen.

*Zurück am Hafen von Desenzano, am Lungolago, fährt man dann quer durch die Stadt nach Süden und am großen Kreisel (**Wegepunkt 9**) weiter auf der Viale Cavour direkt bis zum Bahnhof – unserem Ausgangspunkt.*

Auch in **Desenzano** gibt es Sehenswertes: Zum Beispiel die malerische **Piazza Malvezzi** am 4 **alten Hafen**, der einst eine wichtige Handelsstation war und heute mit seinen Bogengängen das Wahrzeichen der Stadt ist. Nicht weit von der Piazza Malvezzi steht das alte **Castello**, das eine sehenswerte Kunstausstellung beherbergt und in dem zahlreiche Ausstellungen stattfinden. Sehenswert ist auch die prachtvolle **Kirche Santa Maria Maddalena**. Und Badestrände gibt es natürlich auch.

Von der Rocca di Manerba ist der Seeblick spektakulär

Tour 23 Länge 33 km

SCHÖNE AUSSICHTEN BEI DER BURGRUINE

Eine Rundtour von Salò nach Manerba zu einem der besten Panoramaplätze am Gardasee

Eine Rundtour durch das sanfte hügelige Hinterland von Salò am Südostufer des Gardasees. Die Tour vom schönen Hafenstädtchen Salo ist wirklich abwechslungsreich. Das Flair von Salò, das idyllische Landleben außerhalb des Ortes mit Weingärten und Olivenhainen und dann als Höhepunkt die majestätische Rocca di Manerba, eine sagenumwobene Burgruine mit herrlichem Seeblick.

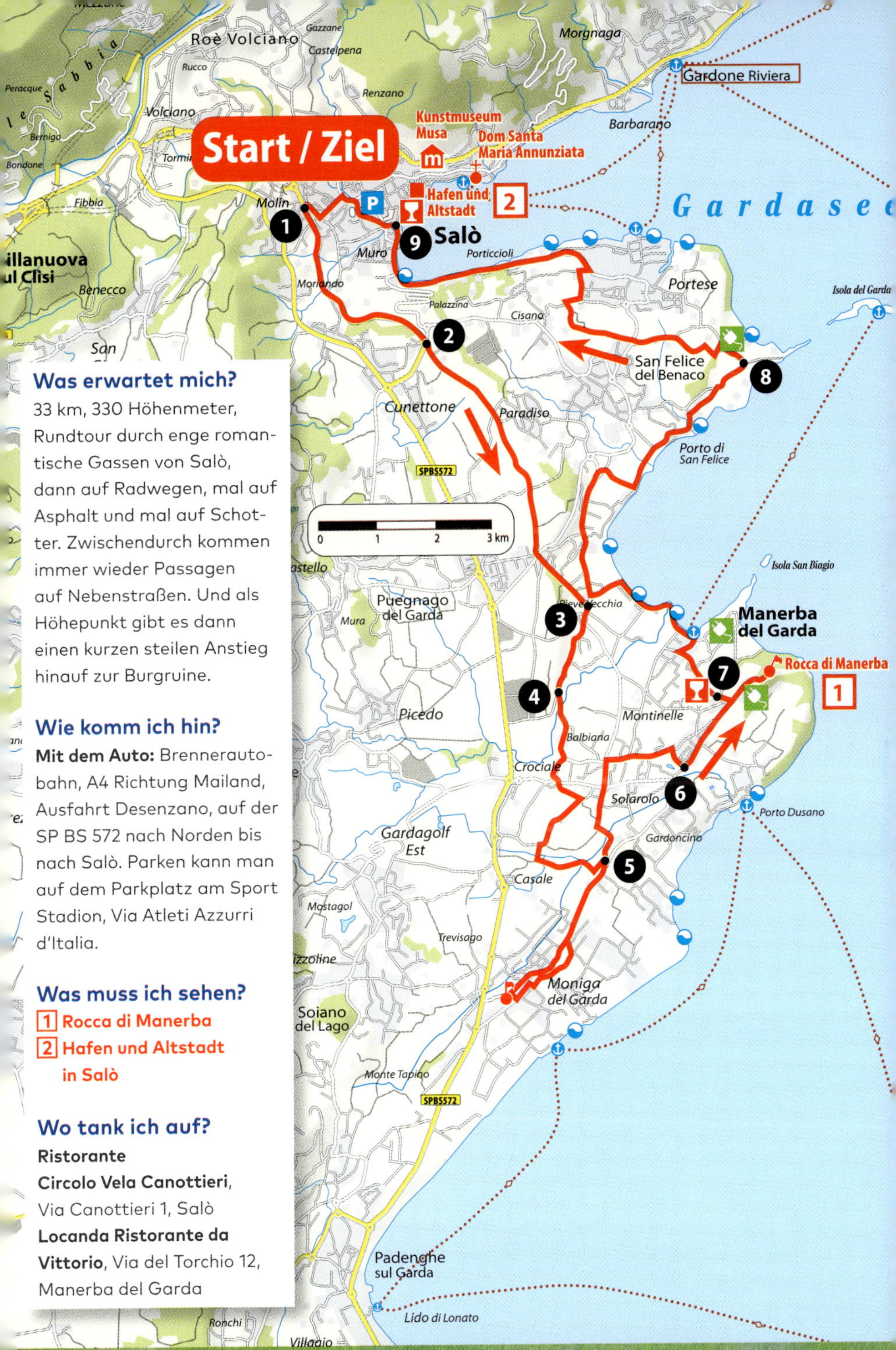

Was erwartet mich?

33 km, 330 Höhenmeter, Rundtour durch enge romantische Gassen von Salò, dann auf Radwegen, mal auf Asphalt und mal auf Schotter. Zwischendurch kommen immer wieder Passagen auf Nebenstraßen. Und als Höhepunkt gibt es dann einen kurzen steilen Anstieg hinauf zur Burgruine.

Wie komm ich hin?

Mit dem Auto: Brennerautobahn, A4 Richtung Mailand, Ausfahrt Desenzano, auf der SP BS 572 nach Norden bis nach Salò. Parken kann man auf dem Parkplatz am Sport Stadion, Via Atleti Azzurri d'Italia.

Was muss ich sehen?

1 Rocca di Manerba

2 Hafen und Altstadt in Salò

Wo tank ich auf?

Ristorante Circolo Vela Canottieri, Via Canottieri 1, Salò

Locanda Ristorante da Vittorio, Via del Torchio 12, Manerba del Garda

Kartentipp: **ADFC Regionalkarte Gardasee 1:50.000**

Tour 23

TOURSTART

Sie starten am Parkplatz zum Sport Stadion in Salò.

Der Südosten gilt als der elegantere, authentische italienische Teil des Gardasees. Es ist sozusagen die noble Ecke der Region rund um die Orte Salò, Gardone und Toscolano. Während der etwas weiter nördlich liegende Teil ab Gardone zum entspannten Radfahren eher unpraktisch ist, weil die Berge relativ steil sind, kann man rund um Salo und dessen Hinterland schöne Touren unternehmen. Zum Beispiel bei einer Runde von Salò aus durch das Hügelland zwischen San Felice del Benaco, Manerba und Moniga del Garda mit einem Abstecher zu einem legendären Ort mit traumhaften Aussichten auf den See, der Rocca di Manerba. Stimmungsvolle Strecken durch Weingärten und Olivenhaine mit einem Ausflug zum Seeufer bei Salò.

*Der Weg führt um das Sport Stadion herum in die Villa Nazario Sauro und mit einem Rechts-Links-Schwenk bis zur Via del Panorama (**Wegepunkt ❶**). Entlang dieser Straße geht es nun auf dem Radweg meist leicht bergauf nach Süden bzw. Südosten aus Salò heraus ins Grüne. In Cunettone treffen wir auf einen Kreisel, den wir auf der Via Santa Caterina verlassen (**Wegepunkt ❷**). Ca. einen Kilometer später folgt eine längere Bergabpassage, wo man die Räder schön laufen lassen kann. Bis Pieve Vecchia verläuft die Abfahrt teils auf Schotterwegen und durch schöne Olivenhaine. In Pieve Vecchia hat man einen herrlichen Blick auf den See. Wir biegen hier von der Via Venti Settembre rechts ab in die SP39 (**Wegepunkt ❸**) und erneut rechts in die Via della Valle. An einer Weggabelung halten wir uns links (**Wegepunkt ❹**), kreuzen einen kleinen Fluss und fahren dann rechts weiter bis Balbania. An der Kirche geht es links vorbei, rechts weiter auf die Via Valtenesi, wenige Meter später links und wieder rechts in die Via Carere. Danach führt die Tour im Zickzack wieder über die Felder Richtung Süden, bis man auf der SP39 nach rechts (**Wegepunkt ❺**) den Ort Moniga erreicht.*

Die hohen Mauern der Burg in Moniga

Bekannt ist hier vor allem die **Burg**, an der unsere Route direkt vorbei führt. Der südlichste Punkt der Runde ist nun erreicht.

Der geflügelte Löwe in Salò erinnert an die Republik Venedig

*Unsere Tour führt nun wieder zurück nach Norden Richtung Manerba. Von der SP39 biegen wir am (**Wegepunkt ❺**) links ab, halten uns hier aber rechts. Hinter dem Kreisel biegen wir die nächste Straße rechts ab nach Solarolo.*

Der beliebte Urlaubsort **Manerba** wirkt sehr verstreut und für Erstbesucher etwas unübersichtlich. Aber mit GPS-Daten ist das kein Problem. Und die Beschilderung Richtung Rocca ist recht gut, denn das ist auch die Hauptattraktion in Manerba.

*An der Kirche vorbei, rechts und am Kreisel links (**Wegepunkt ❻**) fahren wir auf der Via Gabriele D'Annunzio weiter nach Norden bis zur Festung. Die ist aber auf*

Tour 23

Blick von der Rocca di Manerba Richtung Norden mit der Isola del Garda

der Hinfahrt nicht zu erkennen, versteckt sich hinter hohen Bäumen, obwohl sie ja so exponiert liegt. Die letzten Meter verlaufen dann auf einer Asphaltstraße durch ein Wohngebiet etwas steiler bergauf bis zu einem Parkplatz. Dort könnte man noch rechts weiter den Weg hinauf fahren mit ein paar Serpentinen. Am Ende dieses Weges muss man aber sein Rad abstellen, denn der Rest verläuft auf einem steinigen buckligen Weg teilweise steil bergauf.

Von der Burg beziehungsweise von den Überresten ist immer noch nicht viel zu sehen. Erst auf den letzten Metern öffnet sich der Blick, und man steigt über recht holpriges Gelände hinauf zur 1 **Ruine**. Und dort bleibt man vermutlich auch eine Weile, denn die Aussicht auf den Gardasee ist wirklich grandios.

Ganz oben auf der Rocca di Manerba

Dieser außergewöhnliche Ort scheint die Menschen immer schon fasziniert zu haben. Hier sollen schon vor 10.000 Jahren Menschen gesiedelt haben, errichteten die Römer einen Tempel und schließlich wurde die Burg vor knapp 1.000 Jahren erbaut. Sie war natürlich ein begehrtes Objekt der Eroberung, was immer wieder zu Zerstörungen führte. Wer sich mehr über die Rocca informieren will, kann dies in dem Museum einige Meter unterhalb der Burgruine tun.

*Für den Weg zurück nach Salò fährt man wieder von dem Hügel hinunter und auf der Asphaltstraße weiter, biegt dann rechts ab und links in die Via del Passero (**Wegepunkt ❼**). Es geht nun ein längeres Stück bergab Richtung Porto Torchio und auf der Via Belvedere nach rechts zum Hafen. Hier fahren wir links. Bis Porto S. Felice hält sich die Tour – bis auf einen kleinen Linksbogen bei Pieve Vecchia – nah am Seeufer. Hinter Camping Fornella führt unsere Route nach links (**Wegepunkt ❽**) mit einigen Bergaufpassagen Richtung Portese.*

Unterwegs hat man bald einen schönen Blick auf die Bucht von Salò.

Wir radeln bequem bergab links an den Häusern von Portese vorbei, ebenso am Camping Eden bis zur Uferstraße und folgen dann dem Weg Richtung Zentrum von Salo.

Gerade dieses letzte Stück, die Abfahrt zur Bucht von Salò mit gut 50 Höhenmetern und herrlichen Aussichten, ist ein eindrucksvolles Finale der Tour. Und kurz vor dem Ziel passiert man auch einen Badestrand.

*Kurz vorm Hafen biegen wir links in die Via Brezzo (**Wegepunkt ❾**), fahren über den Kreisel nach rechts und folgen dem Bach nach links auf der Via 11 Settembre zum Sport Stadion – unserem Ausgangspunkt.*

Der Dom Santa Maria Annunziata mitten in Salò

Zum Abschluss darf eine Besichtigung von 2 **Salò** nicht fehlen. Denn nicht nur die elegante **Uferpromenade** Lungolago Zanardelli, sondern auch die vielen kleinen Gassen im **historischen Zentrum** sind es wert, ausführlich besichtigt zu werden. Zu den bekanntesten Sehenswürdigkeiten zählen der **Dom Santa Maria Annunziata**, das **Rathaus** im historischen Palazzo del Podestà und das **Kunstmuseum Musa**.

Reisemobilstellplätze an oder nahe der Route

Parcheggio Paradiso,
Via Tavine, Salò

E-Bike Ladestationen an oder nahe der Route

Camping La Rocca,
Via Cavalle 22, Manerba.
See Park,
Via della Rocca 20, Manerba
Pizzeria Baia del Vento,
Via Baia del Vento 7,
San Felice del Benaco

Schön und kurvenreich: die Via Panoramica bei Salò

Tour 24 Länge 14 km

DISKRETE SCHÖNHEITEN OBERHALB VON SALÒ

Eine Rundtour von Salò über San Michele nach Gardone

Elegante Villen, großartige Paläste, verlockende Uferpromenaden und dazu viel Kultur und Geschichte. Eine wahrhaft noble Gegend rund um Salò und Gardone. Um sie zu entdecken, ist das E-Bike das perfekte Transportmittel. So wie auf dieser Runde von Salò hinauf zu den Hügeln und zu versteckten Preziosen und atemberaubenden Aussichten.

Was erwartet mich?

14 km, 400 Höhenmeter, eine Rundtour auf entspannten Promenaden am See, kurvigen Panoramastraßen auf den Hügeln bis hin zu knackigen und grob gepflasterten Radwegen zwischen den Bergdörfern. Oberhalb von Salò gibt es eine kurze Passage, die wirklich anspruchsvoll ist. Danach bleibt die Tour mäßig anstrengend.

Wie komm ich hin?

Mit dem Auto: Brennerautobahn, A4 Richtung Mailand, Ausfahrt Desenzano, auf der SP BS 572 nach Norden bis nach Salò. Parken kann man im Parkhaus an der Via Brunati.

Was muss ich sehen?

1. Serniga mit der Kirche San Bernardo
2. Aussichtspunkt in San Michele
3. Park von Gabriele d`Annunzio
4. Hafen und Altstadt in Salò

Wo tank ich auf?

Ristorante Circolo Vela Canottieri, Via Canottieri, 1, Salo
Agriturismo Il Rudere, Via Serniga, 8, Serniga
A Cada Mia Pieroli, Via Val di Sur, 11, San Michele

Kartentipp: **ADFC Regionalkarte Gardasee 1:50.000**

Tour 24

TOURSTART

Sie starten entweder am Hafen oder direkt bei einem großen Parkhaus etwas weiter nördlich in der Via Brunati.

*Von der Via Brunati biegen wir ab in die schmale und steil ansteigende Via Castello (**Wegepunkt ❶**) und halten uns links. Die nächsten Meter verlaufen nun etwas kurvig und bergauf durch ein altes Wohngebiet bis zur Via die Colli. Auf dieser Straße fahren wir nach rechts bis wir nach der Rechtskurve links abbiegen. Es geht weiter hinauf, wo die Häuser größer und stattlicher und die Aussichten immer eindrucksvoller werden und halten uns an der Weggabelung rechts (**Wegepunkt ❷**). Wir folgen der Via S. Bartolomeo, auf der es bald wirklich rustikal wird. Nach einer rund 300 Meter langen steilen und steinigen Passage kommt man schließlich zur Via Panoramica direkt bei einer scharfen Kehre (**Wegepunkt ❸**). Dort geht es links weiter auf der breiten und gut asphaltierten Straße, die nur mäßig ansteigt. Die Mühe hat sich wirklich gelohnt, denn nun wird die Fahrt zum echten Vergnügen. Nach knapp zwei Kilometern landet man direkt vor Serniga.*

Ländliche Idylle entlang der Straße bei Serniga

Beliebter Aussichtspunkt: die Kirche San Bernardo in Serniga

1 **Serniga** ist ein kleines, verträumtes Bergdorf mit stattlichen historischen Häusern, die alle einen sehr gut renovierten Eindruck machen. Etwas oberhalb steht die **Kirche San Bernardo**, die man mit dem E-Bike auch gut auf dem schmalen Weg erreicht.

Hinter dem Eisentor öffnet sich ein kleiner Garten mit einer außergewöhnlichen **Aussicht** auf den Gardasee. Das zieht auch regelmäßig Biker und Wanderer an. Früher war die Gegend um Serniga ein beliebtes Jagdrevier für die Gesellschaft aus Brescia. Heute bezaubert es durch eine Kombination aus ländlicher Idylle mit dem grandiosen Blick auf den See. Die Ruhe rührt vielleicht auch daher, dass die letzte Osteria in Serniga vor einigen Jahren geschlossen hat. Wer einkehren will, muss also noch bis zum nächsten größeren Ort warten.

Unser Weg verläuft nun weitgehend flach und führt schließlich nach mehreren Kurven direkt zu dem Bergdorf San Michele.

Hier ist schon deutlich mehr los als in Serniga. Von der Hauptstraße kann man links in die Via San Michele fahren, wo man nach wenigen Metern links eine kleine **Bar** findet.

Rechts beim Parkplatz am Seniorenheim Fondazione Eugenio Bravi führt ein Wegweiser zu einem schönen 2 **Aussichtspunkt**.

*Wir fahren weiter auf der Via Panoramica, auf der wir die Räder entspannt bergab rollen lassen können. Nach einer scharfen Rechtskurve kommen wir zur Abzweigung der Villa Filippini und biegen dort rechts (**Wegepunkt** ❹) ab Richtung Morgnaga.*

Blick von Serrniga über die Bucht von Salò

Wir sind hier nun am Ortsrand von Gardone, einem noblen und auch berühmten Nachbarort von Salò, wo unter anderem der 3 **Park von Gabriele d`Annunzio** samt der diversen Anwesen liegt, die der in Italien immer noch hochverehrte Dichter bewohnte. Die Anlage ist für viele Italiener ein beliebtes Ausflugsziel, befindet sich aber abseits unseres Weges am Nordrand von Gardone. Nicht weit entfernt ist auch der kunstvolle **Park**, den einst der österreichische Künstler **André Heller** gestaltete und bewohnte.

*Doch zurück zu unserer Tour. Die Via Filippini und dann rechts die Via Banale (**Wegepunkt** 5) sind relativ*

Reisemobilstellplätze an oder nahe der Route
Parcheggio Paradiso, Via Tavine, Salo

E-Bike Ladestationen an oder nahe der Route
Keine öffentlichen Ladestationen in Salo

schmale Wege mit einigen Bergabpassagen, die etwas Aufmerksamkeit erfordern. Unterwegs kommt man an einigen sehr staatlichen Landhäusern vorbei. Der Weg mündet schließlich in die kleine Ortschaft Morgnaga mit einigen engen und verwinkelten Gassen, wo wir rechts und sofort wieder links abbiegen (Via Calvas, ***Wegepunkt* ❻***). Den größten Teil des Höhenunterschieds haben wir nun hinter uns. Nach einem Rechtsbogen und Linksabbiegen auf die Via die Clune landen wir schließlich an der Gardesana, der wir rechts Richtung Salò folgen.*

Nach wenigen Metern auf der Gardesana bietet sich links ein Abstecher zum **Badestrand** von Barbarano an.

Von dort sind es nach Salo nur noch rund drei Kilometer, für die man ein Stück auf der Gardesana fährt und sich dann links Richtung Hafen und Altstadt hält.

Von außen schlicht, innen prachtvoll: der Dom in Salò

Zum Abschluss könnte man sich noch etwas Sightseeing in **4 Salò** gönnen. Sehenswert ist vor allem der **Dom Santa Maria Annunziata** mit dem großen Rundfenster direkt über dem Portal. Ein Prachtbau im gotischen Stil. Zu einem Besuch von Salò gehört auch die **Uferpromenade** mit zahlreichen Palazzi, Bars und Geschäften. Übrigens lässt sich diese Radtour auch gut mit einer Schifffahrt auf dem See kombinieren, egal ob man mit dem eigenen Bike anreist oder sich vor Ort in Salò eines ausleiht.

Eine klassische Sehenswürdigkeit: der Hafen in Salò

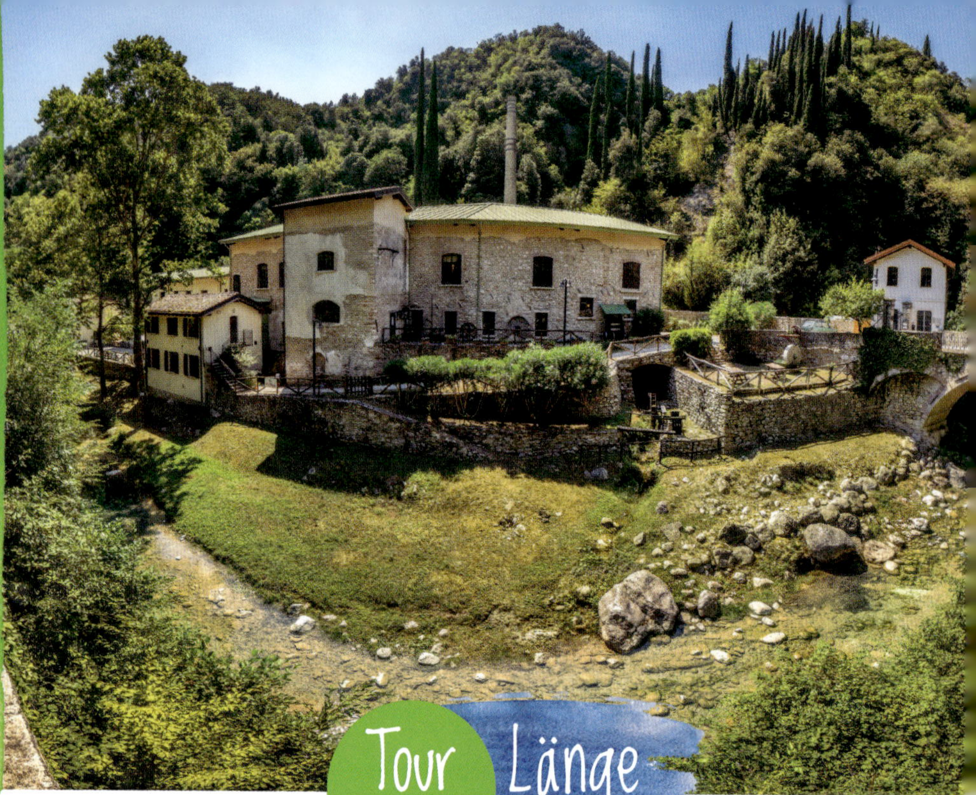

Lebendige Geschichte im Tal der Papiermacher bei Toscolano

Tour 25

Länge 8 km

IM TAL DER BERÜHMTEN PAPIERMACHER

Eine Rundtour von Toscolano zu einer legendären Historie

Die Blütezeit der Papiermacher in dem stillen Tal bei Toscolano ist längst vorbei. Der Mythos lebt aber immer noch. Auch weil die Überreste dieser ungewöhnlichen Historie eine geradezu mystische Ausstrahlung haben. Gute Gründe für einen kurzen, aber sehr eindrucksvollen Radausflug, der zu einer echten Zeitreise wird. Eine unterhaltsame Halbtagestour.

Was erwartet mich?

8 km, 240 Höhenmeter, eine Rundtour auf asphaltierten Nebenstraßen und schmalen Schotterwegen vorbei an den Ruinen der einstigen Papiermacher. Achten muss man auf Wanderer. Einkehrmöglichkeiten gibt es im Tal nicht.

Wie komm ich hin?

Mit dem Auto: Man startet in Toscolano. Dazu fährt man entweder von Süden über Salò oder von Norden über Riva und Limone auf der Gardesana bis nach Toscolano. Parkmöglichkeiten gibt es im Ort zum Beispiel recht zentral an der Via Montemaderno und beim Rathaus.

Was muss ich sehen?

1 Papiermacher Museum

2 Verlassene Gebäude entlang der Strecke

Wo tank ich auf?

Il Boccone, Via Cavour 71, Toscolano Maderno

Osteria Gatto d`Oro, Via Fratelli Bianchi, 41, Toscolano Maderno

Kartentipp: **ADFC Regionalkarte Gardasee 1:50.000**

Tour 25

TOURSTART

Sie starten im Zentrum von Toscolano direkt bei der Schiffsanlegestelle.

Diese Tour folgt den Spuren einer längst vergangenen, aber immer noch sehr gefragten und bewunderten Geschichte. Und die spielte sich in einem kleinen, engen Seitental bei Toscolana ab. Dort wo sich der Flusslauf des Toscolano seinen Weg zwischen den steilen Hängen sucht, hat man schon im 14. Jahrhundert, so ist es zumindest verbrieft, damit begonnen, die Wasserkraft für die Herstellung von Papier zu nutzen. Anfangs dienten noch Lumpen als Rohmaterial. Mit der Erfindung des Buchdrucks erlebten die Papiermühlen bei Toscolano eine Blütezeit und wurden zu einer gefragten Adresse für hochwertiges Papier, vor allem

Blick auf Toscolano mit sanften Hügeln in der näheren Umgebung

für Büttenpapier. Die Kundschaft saß in Venedig, wo es heute noch etliche hochwertige Papiergeschäfte gibt, und anderen Metropolen in ganz Europa. Sogar die Bibelvorlage von Martin Luther ist hier im Tal hergestellt worden. Es wurden richtige Papierfabriken gebaut in dem kleinen Tal, das auf diese Weise berühmt wurde. In den fünfziger und sechziger Jahren allerdings hatte es ein Ende mit den Papiermachern im Tal. Die Produktionsmethoden haben sich logischerweise geändert, für größere Anlagen fehlte in dem engen Tal der Platz und die handwerkliche Produktion war nicht mehr wirtschaftlich. 1962 stellte die letzte Papierfabrik in der kleinen Siedlung Maina den Betrieb ein. Aber die Geschichte lebte weiter, denn eben diese letzte Fabrik wurde zu einem Museum, in dem man sich heute noch anschaulich über diese ungewöhnlichen Geschichten informieren kann.

Bild rechts:
Wild und ursprünglich ist die Natur im Tal der Papiermacher

Weil das Tal immer noch sehr ursprünglich, ja geradezu archaisch ist, hat eine Radtour auf den Spuren der Papiermacher einen sehr speziellen Reiz.

*Den See im Rücken fahren wir von der Schiffsanlegestelle links, ein kurzes Stück auf der Gardesana nach links, um dann rechts in die Via Benamati abzubiegen (**Wegepunkt ❶**). Parallel zur Gardesana geht es einmal quer durch den Ort, bis wir die alte Brücke erreichen (**Wegepunkt ❷**), die wir überqueren. Wir halten uns links und kommen auf der Via Valle delle Cartiere zum Eingang des Tales.*

Alternativ gibt es dort auch einen Parkplatz. Aber Achtung: Lokale gibt es im Tal der Papiermacher nicht. Dafür aber unterwegs einige Picknickplätze.

Die asphaltierte Straße führt nun geradewegs hinein in das Tal, an einem ehemaligen Kraftwerk vorbei und begleitet den Lauf des Baches Toscolano, der auf der linken Seite unten seinen Weg nimmt. Kurz nach einem Tunnel tauchen links einige größere Gebäude auf, die einst zu den Papierfabriken gehörten.

Dort ist auch das 1 **Museo della Carta** untergebracht, in dem man auch viel zu der ungewöhnlichen Geschichte des Tals erfährt und einiges zur Papierproduktion nachgestellt ist. Es wäre zwar für eine Pause noch recht früh nach der kurzen Strecke, aber es gibt eine Bar beim Museum. Und draußen ist auch eine SOS-Station für Radler eingerichtet, nicht für medizinische, sondern eher für technische Notfälle. Diese Siedlung in Maina Inferiore ist die erste Station auf unserer Tour.

Die Straße führt nun weiter hinein in das Tal, macht zwei lange Kurven und erreicht dann die nächste Siedlung.

Eine Ansammlung von Häusern neben der Straße, teils in solidem Zustand, teils völlig verfallen. Es hat eine geradezu mystische Ausstrahlung. Weiter hinten an der rechten Straßenseite fällt eine stattliche Villa auf. Es ist die vierstöckige 2 **Villa Maffizzoli**, die einem Papierfabriksbesitzer gehörte und im Jahr 1870 erbaut wurde. Natürlich nagt auch an dieser Villa der Zahn der Zeit und die Fassade scheint schon recht

mitgenommen. Aber mit etwas Fantasie kann man sich die frühere Pracht inmitten der Natur gut vorstellen. Wild wuchernde Pflanzen haben längst von den Überresten Besitz ergriffen. Wie Skelette ragen die Reste der Mauern in den Himmel. Kurz danach passiert man einen Fischteich zur Linken. Das Tal ist generell ein gutes Revier zum Fischen. Vor allem Forellen sind hier gefragte Beuteobjekte.

Der Weg begleitet weiter den Bachlauf des Toscolano und schlängelt sich weiter hinein in das Tal.

Der Bach war früher der Energielieferant des Tals. Es dürfte ein richtiger Gebirgsfluss gewesen sein, bis man mit dem Bau eines Staudamms den Bach verkümmern ließ.

Vor der nächsten Brücke biegen wir links ab und fahren in einer großen Schleife weiter bis zu den nächsten Ruinen und der Kirche von Luseti. 500 m weiter erreichen wir dann Covoli und unser Etappenziel.

In Luseti befindet sich eine Pfadfinderhütte, die in einem der Gebäude einer alten Papierfabrik untergebracht ist. Der Produktionskomplex von Luseti war einer der größten im Tal. Die **Kirche**, den Weg bergauf links vom Brunnen, ist den Heiligen Philippus und Jakobus, den Beschützern der Papiermacher, geweiht.

Covoli ist ein Ort am Ende des Valle delle Cartiere, wo sich das Wasserkraftwerk von Covoli befindet (das erste, das 1899 im Tal gebaut wurde und die Beleuchtung der Dörfer der Riviera ermöglichte), die Überreste der Papiersiedlung Covoli und das Tal oberhalb des Valle delle Camerate.

Viele Besucher wechseln dann noch auf steile und schmale Wanderwege, die über die Hänge zu aussichtsreichen Orten wie dem **Monte Castello** rechts vom Valle delle Cartiere führen.

Mit dem Rad ist die Rückfahrt natürlich ein Kinderspiel. Zu schnell sollte man es aber nicht laufen lassen. Dazu ist dieses Tal viel zu faszinierend.

Reisemobilstellplätze an oder nahe der Route

Camping Riviera,
Via Promontorio,
Toscolano-Maderno

E-Bike Ladestationen an oder nahe der Route

Lido degli Ulivi,
Viale Marconi, Toscolano
Valle delle Cartiere,
beim Museum, Toscolano

Bild links:
Der Hafen in Toscolano ist der Startort dieser Tour

Die 55 schönsten
E-BIKE-TOUREN
in Deutschlands
Kostenloser GPX-Tracks-Download aller 55 Radtouren
BVA
Die 55 schönsten
E-BIKE-TOUREN
GPS-Tracks Download
in Deutschlands
SÜDEN
Die schönsten Radtouren in Bayern, Baden-Württemberg, Saarland, Rheinland-Pfalz und Südhessen
BVA
Die 111 schönsten
RADTOUREN
in Deutschlands SÜDEN
Bayern, Baden-Württemberg, Rheinland-Pfalz, Saarland, Hessen, Thüringen, Sachsen
E-Bike geeignet
Kostenloser GPX-Tracks-Download aller 111 Radtouren
BVA
Die 111 schönsten
RADTOUREN
in Deutschlands NORDEN
Schleswig-Holstein, Hamburg, Niedersachsen, Nordrhein-Westfalen, Sachsen-Anhalt, Berlin, Brandenburg
E-Bike geeignet
Kostenloser GPX-Tracks-Download aller 111 Radtouren
BVA
Touren für Entdecker
und Genießer ...
BVA
BikeMedia
Die 99 schönsten
RADTOUREN
für
E-Bike geeignet
Kostenloser GPX-Tracks-Download aller 99 Radtouren
BVA
Die 99 schönsten
RADTOUREN
für CAMPER
E-Bike geeignet
in Deutschlands Mitte, Belgien, Luxemburg & den südlichen Niederlanden
Kostenloser GPX-Tracks-Download aller 99 Radtouren
BVA
Thomas Froitzheim / Frank Hofmann
ADFC-Ratgeber 260
RADFERNWEGE
E-Bike geeignet
in Deutschland
12 €
Sonderpreis
Kostenloser GPX-Tracks-Download aller 260 Radfernwege
BVA
adfc

Impressum

1. Auflage 2024

Touren/Texte: Georg Weindl, Schechen

Titelfoto: © Gorilla/AdobeStock

Fotos: Georg Weindl (S. 14, 20, 21, 41, 42, 48 unten, 60, 63, 64, 65, 68, 72, 74, 78 links, 78/79, 80, 92, 100 links, 108, 116, 119, 120/121, 124, 127, 129 rechts, 130, 131, 137, 142/143, 146, 149, 150, 154, 155, 159, 164, 167, 170, 171, 174 unten, 188, 190, 206, 208, 209) sowie

© Garda Dolomiti AG (S. 2/3, 6/7, 8/9, 10/11), © Moroder/wikimedia (S. 17), © Syrio/wikimedia (S. 18/19, 123), © Santifaller (S. 22), © max-böhme/unsplash (S. 25, 33 rechts), © DavideDossi/wikimedia (S. 26 links), © Garda Trentino Ronny Kiaulehn (S. 4/5, 26/27, 30/31), © Daniele Lira (S. 28/29), © Tommy Rau/pixabay (S. 32), © TrentinoMarketing (S. 36), © Carlo Baroni (S. 37), © Christian Kerber (S. 38/39), © K Weise/wikimedia (S. 46 links), © Peter Stenzel/flickr (S. 47), © Henning Leweke/wikimedia (S. 48 oben), © Robertk9410/wikimedia (S. 49), © Fabio Staropoli (S. 50), © Matteo Ianeselli/wikimedia (S. 52/53), © pixabay (S. 34, 44/45, 54/55, 61, 66, 69, 94/95, 107, 176, 180 links, 192/193, 194, 195, 216/217), © Tommy/pixabay (S. 56/57), © Trentino Marketing/Ronny Kaulehn (S. 58), © Miloš Hlávka/wikimedia (S. 62, 76/77), © Garda Trentino (S. 70/71), © Niederkasseler/wikimedia (S. 75), © NeoMeesje/wikimedia (S. 82/83), © Gio46ti/wikimedia (S. 84/85), © qwesy qwesy/wikimedia (S. 87), © Reinhold Schlager/Pixabay (S. 88), © Hans/Pixabay (S. 90, 97 oben), © Leonhard Niederwimmer/Pixabay (S. 91), © Alan alanbaker_photography on IG/Pixabay (S. 92/93), © Jonny Gios-unsplash (S. 96), © Pixelteufel/wikimedia (S. 97 unten), © 6742595/Pixabay (S. 98), © Nadja Golitschek/Pixabay (S. 100/101), © Timo Rüßler/wikimedia (S. 103), © Peggy/Pixabay (S. 104/105), © Hans Hagenaars/wikimedia (S. 106), © Dieter Ludwig Scharnagl/Pixabay (S. 110), © Syrio/wikimedia (S. 111), © Marie-Lan Nguyen/wikimedia (S. 112/113), © Elliott Brown/flickr (S. 114), © Adert/wikimedia (S. 115), © Matthias Kost/Pixabay (S. 128/129), © michael-martinelli/unsplash (S. 132), © Riessdo/wikimedia (S. 135), © Ralf Ruppert/pixabay (S. 136), © Peggy und Marco Lachmann-Anke/Pixabay (S. 139, 142 unten), © Marco Ghirello/unsplash (S. 140/141), © Klaus Dieter vom Wangenheim/Pixabay (S. 144), © Adert/wikimedia (S. 147), © Davy1509/wikimedia (S. 152, 153), © Jakub Hałun/wikimedia (S. 156), © gabriel castles/unsplash (S. 160 oben), © maksym harbar/unsplash (S. 160 unten), © christophjkugler/auf Pixabay (S. 161), © Mincio/pixabay (S. 163 oben), © Krzysztof Golik/wikimedia (S. 163 unten, 186/187), © credits www.gardalombardia.com (S. 168/169), © Arne Museler/www.arne-mueseler.com (S. 172/173), © Michelle Raponi/Pixabay (S. 174 oben, 175), © Zavijavah/wikimedia (S. 178), © StrappatoAlessia/wikimedia (S. 179), © Christian Beuschel/pixelio.de (S. 180/181), © Michal Gorski/wikimedia (S. 182), © golden voyagers/unsplash (S. 183), © Ana/Pixabay (S. 184), © Gary Bembridge/wikimedia (S. 189), © Edmund Hochmuth/Pixabay (S. 197, 200, 201), © rais/unsplash (S. 198), © Josef Grunig/flickr (S. 202/203), © Wolfgang Moroder/wikimedia (S. 204, 205, 210/211, 212), © edoardo botez/unsplash (S. 213), © ph. Garda Lombardia (S. 214, 219, 220).

Buchgestaltung: Horst Krückemeier, www.hokrue.de, Bielefeld

Layoutkonzept und Umschlaggestaltung: Alexandra Struve, www.designundich.de, Braunschweig

Kartografie: BVA BikeMedia

ISBN: 978-3-96990-213-4